Martin Droschke

111 Biere aus Altbayern und Bayerisch-Schwaben, die man getrunken haben muss

111

emons:

Bibliografische Information der Deutschen Nationalbibliothek
Die Deutsche Nationalbibliothek verzeichnet diese Publikation in der Deutschen Nationalbibliografie; detaillierte bibliografische Daten sind im Internet über http://dnb.d-nb.de abrufbar.

MIX
Papier aus verantwortungsvollen Quellen
FSC® C083411

© der Fotografien: Martin Droschke, außer:
Kap. 11: Munich Brew Mafta; Kap. 59: Brauerei Wilhelm Krieger;
Kap. 102: Volker R. Quante
© Covermotiv: shutterstock.com/stockcreations
Layout: Eva Kraskes, nach einem Konzept
von Lübbeke | Naumann | Thoben
Kartografie: altancicek.design, www.altancicek.de
Kartenbasisinformationen aus Openstreetmap,
© OpenStreetMap-Mitwirkende, ODbL
Druck und Bindung: CPI – Clausen & Bosse, Leck
Printed in Germany 2021
ISBN 978-3-7408-1069-6
Originalausgabe

Vorwort

Liebe Wirtshaushocker, Schatzsucher und Zugroaste,
sehr geehrte Nipper und Schluckspechte,
meine hochverehrten Genießer und Freunde des Guten,

dem bayerischen Selbstverständnis zufolge zählt eine zünftige Halbe nicht zu den Getränken. Sonst würde ja das gute regionale Bier mit Milchbubiplörren wie Cola, Apfelsaft und Rhabarberschorle auf ein und derselben Stufe stehen. Sofern es nach den strengen Regularien der Tradition gekocht, vergoren und gereift wurde, begreift man es bitte schön als ein Kulturgut. Als so geistvoll wie eine Mozart-Oper, so werthaltig wie da Vincis Mona Lisa und so zeitlos und elektrisierend wie einen Picasso.

Wer sich von diesem Buch auf eine Rundreise mitnehmen lässt, wird mit Freude feststellen, dass die Vielfalt an Brauereien, Sorten und Geschmacksrichtungen noch einmal deutlich größer wird, sobald man sich nicht im Getränkehandel, sondern direkt vor Ort in den Sud- und Braugasthäusern umsieht. Selbst nach München, wo es sich bekanntlich jahrzehntelang verbot, das Wort Brauhandwerk in den Mund zu nehmen, ist die Einsicht zurückgekehrt, dass ein Bier erst dann zu einer einladenden Sache wird, wenn ihm sein Bräu einen eigenbrötlerischen, starken Charakter verleiht.

Apropos stark: Dank seiner geschmacklichen Tiefe, Dichte und Dramatik bildet das Bockbier die Königsklasse der bayerischen Braukunst. Weshalb ihm in diesem Buch mehr Aufmerksamkeit zuteilwird, als mancher Leber guttut. Deshalb: Verschlingen Sie bitte jede Seite verantwortungsvoll und lesen Sie in kleinen Schlucken. Und: Halten Sie, wo auch immer Sie demnächst unterwegs sind, unbedingt auch nach den unzähligen hier nicht erwähnten Klein- und Kleinstsudstätten Ausschau. Ihr Gaumen wird es Ihnen danken. Das Gute hat sich in den letzten Jahren mit einer solchen Rasanz vermehrt, dass es nicht möglich ist, zwischen zwei Buchdeckeln mehr als ein exemplarisches Best-of abzubilden.

111 Biere

München

Oberbayern

Niederbayern

Oberpfalz

Bayerisch-Schwaben

1__Helles

Die Burschen schneidig, die Dirndln sittsam

Meinungen sind dazu da, auseinanderzugehen. Allerdings nur bis zu jener Grenze, ab der dem Münchner das Taschenmesser im Hosensäckel aufklappt. Zu Recht! Denn das Helle seiner ältesten Brauerei ist das flüssige Brot schlechthin. Eine Mehrheit der Brauer würde es ihrem eigenen vorziehen. Ungelogen. Gern erklären sie den staunenden Mittrinkern, warum. Beim Augustiner wird besonders sorgfältig gemaischt, und das Manna darf lange reifen. Und in ihm steckt mehr Handwerksethos als in den Stöffchen ihrer nur ein Zehntel so großen Arbeitgeber, obwohl es ganz klar Industrie ist. Dennoch wagen Ketzer zu behaupten, es hätte einen Stich, ein zur geschmacklichen Tugend umdeklariertes Fehlaroma. Ein Bier also, das polarisiert! Obwohl oder gerade weil der in Oberbayern omnipräsente Kultstoff bei einer Blindverkostung das einzige Helle ist, das sogar der ungeschulte Schluckspecht sofort herausschmeckt. Was man natürlich so oder so deuten kann.

Wie also erklärt sich, dass ganz München zuvorderst dieses Helle aus den Getränkemärkten herausschleppt?

Anstatt sich wie die Konkurrenz um ein zeitgemäßes »Look and Feel« zu bemühen, entschied sich die Familie Wagner, die die Augustiner-Brauerei 1829 aufkaufte und in den 1990ern in eine Stiftung überführte, alles Äußerliche auf dem Stand jener guten alten Zeit zu belassen, *in der die Menschen noch typisch war'n, die Burschen schneidig, die Dirndl sittsam und die Honoratioren ein bisserl vornehm und ein bisserl leger. Es war halt noch vieles in Ordnung damals.* Auf dem Oktoberfest zum Beispiel. Ausschank aus Hirschen, den altüberlieferten 200-Liter-Holzfässern. Nur noch beim Augustiner! Ehrliche, echte Holzfässer auch in Münchens Kultbiergarten, dem 1862 zugekauften Augustiner-Keller. Für jeden sichtbar. Bei so viel Liebe zur Tradition – wer will da seinen Sinnesorganen widersprechen. Heimat ist halt auch im Flüssigbereich ein Gefühl, über das sich nicht streiten lässt.

Adresse Augustiner-Bräu, Landsberger Straße 31–35, 80339 München, Tel. 089/519940, www.augustiner-braeu.de | **Bierprofil** Helles, Edelstoff (Export), Dunkles, Pils, Weizen; saisonal: Oktoberfestbier, heller Bock, Maximator (dunkler Doppelbock) | **Öffnungszeiten** Augustiner Bräustuben bei der Brauerei, Landsberger Straße 19, und Augustiner-Keller, Arnulfstraße 52, 80335 München, Tel. 089/594393, www.augustinerkeller.de, täglich ab 10 Uhr | **Tipp** Das sehenswerte Münchner Bier- und Oktoberfestmuseum (Sterneckerstraße 2, 80331 München) wird von einer Stiftung getragen, die Ende der 1990er Jahre von den Augustiner-Bräu-Erben gegründet wurde.

2 Hefe-Weissbier naturtrüb

Eingebürgert anno 1974

Weil es München schmeichelt, als der Ursprung jedweden mit Hopfen und Malz komponierten Wohlgeschmacks betrachtet zu werden, hat man kein Problem damit, einen von internationalen Biertouristen eingeschleppten Irrtum als die Wahrheit weiterzukolportieren. Dabei ist es gerade einmal ein halbes Jahrhundert her, dass die Weißwurst und das Weißbier zwei wurden, die zusammengehören. Bis Ende der 1960er Jahre spülte man die Gezuzelten mit einem Dunklen hinunter. Denn die Münchner mochten den im böhmisch-bayerischen Osten erfundenen Prickeltrunk nicht.

Die Wittelsbacher Herzöge höchstselbst hatten mit dem Reinheitsgebot und ihrem Hofbräuhaus verhindert, dass in ihrer Residenzstadt eine Weißbierkultur entstand. Erstes verbot, wertvollen Weizen für Bier zweckzuentfremden; Zweites setzte zuvorderst auf Braunbier nach Einbecker Art. Erst nach dem Zuzug von Nordlichtern, denen der damalige Alleinherrscher über die Zapfhähne, das Dunkle, zu süß war, versuchten es Münchens Brauereien doch noch einmal mit dem Obergärigen – mit durchschlagendem Erfolg.

Es gehört zu den Kapriolen der Biergeschichte, dass das münchnerischste unter den Weißbieren aus einer Brauerei stammt, die bereits Geschichte war, als man unter ihrem Namen erstmals mit Weizen einmaischte. Die 1363 gegründete Franziskaner-Bräu – ihr Name leitet sich von einem nahen, 1811 überbauten Kloster ab. 1861 ging sie im Brauereiimperium der Sedlmayrs auf. Seit 1922 existiert sie nur noch als Marke. Da man unter dem Hauptlabel Spaten bereits ein filtriertes Kristallweizen vermarktete, bot es sich an, für das 1974 eingeführte mürbe Hefeweißbier auf das Etikett mit dem Mönch zu wechseln. Wie sich 1978 herausstellte: ein genialer Schachzug. Denn jeder wusste, dass der erste Biertrinker des Staates vom » Franziskaner« aus regierte. Ministerpräsident Franz-Josef Strauß hielt im alten Braugasthaus Hof – nicht in der Staatskanzlei.

Adresse Die Spaten-Franziskaner Bräu gehört zum internationalen Braukonzern Anheuser-Busch InBev, Hausanschrift: Marsstraße 46–48, 80335 München, Tel. 0800/52205202, www.franziskaner-weissbier.de | **Bierprofil** helles, dunkles und leichtes Weizen, Kristallweizen, Royal (Weizenbock), Helles, Kellerbier | **Öffnungszeiten** Brauereibesichtigung siehe Website; Wirtshaus Zum Franziskaner, Residenzstraße 9, 80333 München, Tel. 089/2318120, www.zum-franziskaner.de, täglich außer So ab 10.30 Uhr | **Tipp** In Ottobrunn, einer Gemeinde im südlichen Speckgürtel von München, verwirklicht ein Trio durstiger Überzeugungstäter seine Version von gutem Bier – unter dem Label Hausfreund.

3 Eisbock

Ein ganzes Fass im Glas

Etwas Glück gehört dazu, um das wohl merkwürdigste, am weitesten von einem Hellen, Pils oder Märzen entfernte Mitglied der großen Familie der Biere kennenlernen zu dürfen. Nicht etwa, weil es nur selten zu haben ist. In der den absurden Münchner Regularien zufolge siebten echten Brauerei der Stadt, der Giesinger Bräu, wartet es jeden Abend darauf, einer Tischrunde verboten süße Genussmomente zu bereiten. Aber es ist halt gar nicht so leicht, in das angesagte Bräustüberl oben auf dem Isarhochufer, der Grenze zwischen Ober- und Untergiesing, vorzudringen. Egal, wann man kommt, immer ist alles bereits besetzt.

Eisbock nennt sich die Rarität und wird als Krönung eines opulenten Mahls empfohlen. Beim Giesinger wird die Diva in einem Zustand serviert, der wie von selbst das Besondere dieses Bierstils erklärt. Wird sie bestellt, läuft der Kellner zu einem Gefrierfach und holt eine Karaffe voll gelblichem Gefrorenen heraus. Man bekommt einen Becher vor sich hingestellt, in den sie kopfüber einhängt wird. Ein paar Minuten, dann tropft eine bräunliche, sämige Flüssigkeit aus der Karaffe in den Becher.

Erfunden wurde der Eisbock im Winter 1890 im fränkischen Kulmbach. Es wird erzählt, dass im Hof der Reichelbräu ein Lehrling aus Faulheit abends ein paar volle Fässer stehen ließ. Am nächsten Morgen bedeckte ein Tuch aus Schnee seine Missetat. Erst als es taute, musste sich der Bräu eine Strafe ausdenken. Ganz schön hart: das Fass komplett leer trinken, seinen ganzen jetzt ja wohl mit Sicherheit ungenießbaren Inhalt! Das Fass wurde angezapft. Nichts kam. Man schlug die Dauben ab. Das gute Bier war zu einem Eisblock gefroren. Nur in dessen Kern fand sich ein wenig Flüssigkeit. Die mundete dem Bub gar köstlich. Dann fiel er um. Delirium. Ein himmlisch süßer, zugleich zartherber Sirup. So um die zwölf Prozent stark, weil sich in ihm der komplette Alkohol konzentrierte.

Adresse Giesinger Bräu, Brauhaus Obergiesing, Martin-Luther-Straße 2, 81539 München, Tel. 089/55062184, www.giesinger-braeu.de | Bierprofil Im Brauhaus Obergiesing entstehen seltenere Sorten wie Red Ale, Triple, heller Bock, Eisbock sowie unregelmäßig Sonder- und Gemeinschaftssude mit anderen Brauereien. | Öffnungszeiten Rampenverkauf Mo–Fr 10–19 Uhr, Bräustüberl / Gasträume Di–Do ab 16 Uhr, Sa, So ab 10 Uhr | Tipp Das Hofbräuhaus Berchtesgaden zählt ebenfalls zu den wenigen bayerischen Brauereien, die sich der Kunst des Eisbocks verschrieben haben.

4__Untergiesinger Erhellung

(Kein) Neuling auf der Wiesn

Natürlich darf sich auch in München alles Brauerei nennen, was aus Wasser, Malz und Hopfen etwas Alkoholisches zubereitet. Das heißt aber noch lange nicht, dass man eine Münchner Brauerei ist. 2013 bewarb sich die Giesinger Bräu erstmals darum, ihr im Stadtgebiet gebrautes Manna auf dem Oktoberfest auszuschenken. Auf Drängen ihrer Fans. Aber leider: Auf der Wiesn darf nur Münchner Bier kredenzt werden. Münchner Bier ist ein geschützter Begriff und den sechs Mitgliedern des Vereins Münchner Brauereien vorbehalten: Augustiner, Hacker-Pschorr, Hofbräu, Löwenbräu, Paulaner und Spaten-Franziskaner. Die Vereinssatzung schreibt einen eigenen Tiefbrunnen vor. Stur und aufmüpfig, brachte die Giesinger Bräu 800.000 Euro auf, um sich 2019 einen solchen zuzulegen.

Untergiesinger Erhellung heißt der große Wurf, mit dem die Geschichte der theoretischen Oktoberfestbrauerei Nummer sieben 2008 begann. In einer Hinterhofgarage probierte sich Hobbybrauer Steffen Marx an seiner Vorstellung eines Hellen – und traf den Nerv seiner Generation. Auch heute wird das Flaggschiff der Giesinger Bräu wider alle Regeln der Braukunst nicht filtriert. Vollmundig. Mit würzigen Blumenwiesen- und Zitrusaromen. Spritzig, frisch, intensiv, dabei aber ganz beiläufig wegschluckbar. Um der Nachfrage Herr zu werden, baute Marx 2014 am Giesinger Isarhochufer ein Brauhaus, dessen Kapazität für die Versorgung einer Kleinstadt reicht. Da sie bald aus allen Nähten platzte, folgte 2020 im Außenviertel Lerchenau das Giesinger Werk 2. Mit den ehrenwerten Damen und Herren vom Verein Münchner Brauereien ist er im Gespräch, man kennt und schätzt sich schon länger. Doch die sechs haben ihre Pfründe gut abgesichert. Beitreten können nur Traditionsbrauereien, so ein weiteres Regularium. Was nach eigener Definition bedeutet, dass Giesinger bereits 1871, im Jahr der Vereinsgründung, existiert haben müsste.

Adresse Giesinger Bräu, Brauhaus Werk 2, Detmoldstraße 40, 80935 München, www.giesinger-braeu.de | Bierprofil Im Brauhaus Werk 2 entstehen die Hauptsorten Helles (= Kellerbier), Märzen, Dunkles. | Öffnungszeiten Rampenverkauf Fr 14–18 Uhr, Sa 10–14 Uhr | Tipp Prinz Luitpold von Bayern versuchte in den 1980er Jahren, die Zulassung seiner im Hinterland des Ammersees versteckten Schlossbrauerei Kaltenberg juristisch zu erzwingen – vergeblich. Die Scharmützel machten sein König Ludwig Dunkel zum Kultbier des Jahrzehnts.

5 Oktoberfest Märzen

Ist es dir zu schwach, dann ist es richtig

Wenn etwas groß ist, dann ist es nicht münchnerisch. Denn dann ist es noch kein Superlativ, passt es nicht zum Nabel der Bierwelt und zu einem oft kopierten, aber nie erreichten Volksfest. Für die glorreichen sechs Münchner Traditionsbrauereien, die 38 Zelte mit ihrem Gerstensaft beliefern, ist das Oktoberfest die Gelegenheit, der auf ewig zum Durst verurteilten Menschheit kundzutun, wo die Messlatte hängt.

Die Idee, für das 1810 anlässlich der Hochzeit des späteren Königs Ludwig I. und seiner Therese von Sachsen-Hildburghausen ins Leben gerufene Massenvergnügen ein eigenes, besonders süffiges Bravourstück von einem Märzen einzubrauen, stammt von der Spatenbräu. Für ihr 1871 erstmals ausgeschenktes Oktoberfestbier tauschte sie das damals übliche dunkle zugunsten heller Malze aus. Auch die Varianten der Konkurrenten, die sofort nachzogen, fielen goldgelb aus. Es folgte ein Wettstreit, bei dem der Alkoholgehalt immer weiter hinaufgeschraubt wurde. Spaten, Augustiner, Paulaner, Hofbräu und Löwenbräu kredenzen heute streng genommen bockbierstarke Ausformungen der durch ihre Brauweise naturgemäß aromatischeren und komplexeren Sorte Export. Lediglich die einst aus der zwischenzeitig wieder gelösten Vereinigung der Familien Hacker und Pschorr hervorgegangene, Anfang des 19. Jahrhunderts ausstoßstärkste Münchner Brauerei hält unbeirrt an der urbayerischen Tradition eines süßen, kaum gehopften Märzens als Festbier fest.

Übrigens: Ein sensibler Gaumen vermag hinter dem nicht gerade rosigen Image der längst in der Paulaner-Gruppe aufgegangenen Marke Hacker-Pschorr durchaus ein Dornröschen zu erkennen, das er wachküssen möchte. Das Verlangen kommt am Viktualienmarkt im Braugasthaus in der Schrannenhalle auf. Dort wird die Sorte Edelhell aus Holzfässern gezapft, die mit Natureis gekühlt werden. Auf Wunsch in geeiste Gläser, denn ein Helles mundet halt bei fünf Grad Celsius am besten.

Adresse Hacker Pschorr ist eine Marke der Paulaner Gruppe, das Brauhaus befindet sich im Münchner Außenstadtteil Langwied, www.hacker-pschorr.de. | Bierprofil mehrere Helle, Kellerbier, Dunkles, Weizen; saisonal: Oktoberfest-Märzen, Festbier, Doppelbock | Öffnungszeiten Braugasthaus Der Pschorr, Viktualienmarkt 15, 80331 München, Tel. 089/442383940, www.der-pschorr.de, Mo–Fr und So ab 11 Uhr, Sa und Feiertage ab 10 Uhr | Tipp Nicht nur im Namen spielt die 2007 von einem Portugiesen gegründete Münchner Craft-Brauerei And Union auf die 1921 in der Löwenbräu aufgegangene Unionsbräu an. Man hat sich nicht weniger vorgenommen, als das bayerische Bierverständnis im Hipster-Style zu modernisieren.

6__Helles

Ein Prosit auf die Öko-Äcker!

Vielleicht dauert es noch ein wenig, bis sich in Kleinhadern ein Kreis schließen wird. Vielleicht ist es aber schon passiert. Das hängt zum einen davon ab, wann Sie, lieber Bierfreund, diese Zeilen lesen, zum anderen, ob unvorhersehbare Umstände den für Sommer 2021 geplanten Umzug verzögern oder nicht. Saniert wird einer der wenigen alten Höfe, die der einst von Ackerbau und Viehzucht geprägten Vorstadt geblieben sind. Weil es der 2016 gegründeten Haderner Bräu an ihrem angestammten Standort längst zu eng geworden ist, war die Freude groß, als klar wurde, dass sie ihr Equipment nur 38 Hausnummern weiter im Stürzerhof würde neu aufbauen dürfen.

Bier gesiedet wurde auf dem Stürzerhof nämlich schon vor 250 Jahren. Von den Eltern des einzigen Münchner Brauers, der in der Ruhmeshalle der Bavaria mit einer Büste geehrt wird. Joseph Pschorr, ab 1793 mit Maria Theresia Hacker verheiratet, war bereits um 1800 in der Lage, Malz mit Heißluft statt wie üblich über offenem Feuer zu darren. Dadurch nahm es kein Raucharoma an, und sein Bier schmeckte – als einziges der Stadt – nicht wie Schwarzwälder Schinken. Seiner Zeit um 40 Jahre voraus, wuchs Hacker-Pschorr zu Münchens führender Brauerei an.

Stolz auf ihr Wachstum ist auch die Münchner Girgbräu – so der offizielle Name der Marke Haderner Bräu. Allerdings vor allem deshalb, weil sich an der stetig steigenden Beliebtheit ihres Hellen ein sich kontinuierlich schärfendes Umdenken ablesen lässt, was den Münchnern wichtig ist. Das formidable Blonde, das Thomas Girg fünf Jahre lang im Hinterhof eines unscheinbaren Wohnhauses einmaischte und jetzt (oder bald) an seiner neuen Wirkungsstätte vergärt, will sich nur in einem Punkt deutlich von einem typischen flüssigen Traditionsbayern abheben. Mit jedem Schluck fördert man die weitere Umwandlung heimischer Anbauflächen in Öko-Äcker. Alle Zutaten sind bio und kommen aus der Region.

Adresse Münchner Girgbräu, Großhaderner Straße 16 (alt) beziehungsweise Großhaderner Straße 54 (neu), 81375 München, Tel. 089/92581988, www.haderner.de | **Bierprofil** Helles, Dunkles, helles Weizen, IPA, holzfassgereifter Bock; saisonal: Sommerbier, Winterbier | **Öffnungszeiten** Direktverkauf und – neu! – Bräustüberl mit Biergarten siehe Website | **Tipp** In Grafing – 20 Kilometer östlich von München – füllt die Wildbräu ein äußerst fein komponiertes, spritziges Helles in Flaschen und Fässer.

7 Colorado Trekker IPA

Wandern durch ein fremdes Land

Es hat ein bisschen gedauert, bis Jen Canale fand, was ihren Lebensgefährten Paul Higgins in Balance halten würde: den Keller einer ehemaligen Bäckerei, in dem Münchens einziger authentischer Craft-Beer-Nerd seine 2018 gegründete Nebenerwerbs-Mikrobrauerei wuchern lassen kann.

In den 1990er Jahren hatte Higgins auf einer Europareise entdeckt, wie wohltuend anders Bier schmeckt, sobald man seine Heimat, die USA, verlässt. Da war er Mitte zwanzig. Higgins wurde Teil der Homebrewing-Szene. Ein Weggefährte von Typen wie Ken Grossman also, dem Gründer von Sierra Nevada, einer legendären Brauerei neuen Stils, mit dem Selbstbewusstsein gesegnet, in ihren flüssigen Kreationen eine Disziplin der Kunst zu sehen.

Colorado Trekker IPA nennt Higgins ein Bier, das seinen persönlichen Stil so deutlich wie kein anderes verkörpert. IPA steht für das britischstämmige India Pale Ale, das die Szene zu zwei neuen Sorten weiterentwickelte. Ob der Fülle an Fruchtaromen glaubt man sich beim New England IPA in eine mit reifem Obst vollgepackte Markthalle versetzt. Ein West Coast IPA ist – auf angenehme Art – derart bitter, dass man glaubt, es wolle einem den Mundraum trocken frottieren. Higgins, den es 2013 beruflich nach München verschlug, zieht gern als Trekker, als Wanderer, in menschenleeren Gegenden umher. Zum Beispiel in Colorado, der geografischen Mitte der USA. Jetzt haben wir zusammen, was man wissen muss, und können uns einen Schluck in den Mund kippen.

Leichte Zitrus- und Beerenaromen, die zarten Piniennoten Platz machen. Harz und Tannennadeln tauchen auf, überwuchern das Bild einer Halbwüste, bevor sie an eine kecke Bittere übergeben, die noch nach Minuten hinten auf der Zunge sitzt. Ein trinkbares Landschaftsgemälde. Komponiert mit einer Hefe, die für ein New England IPA typisch ist, und der sehr speziellen Hopfung eines West Coast IPAs. Anders. Ungewohnt. Meisterlich.

Adresse Higgins Ale Works, Karlstraße 120, 80335 München, Tel. 0172/8462474, www.higginsaleworks.com | **Bierprofil** diverse IPAs und Pale Ales, ständig neue Sonder- und Kollaborations-Sude mit anderen Craft-Beer-Koryphäen | **Öffnungszeiten** Direktverkauf Fr 14–18 Uhr, Infos über aktuelle Ausschank-Locations auf der Website | **Tipp** Wer den Geschmackskosmos der USA erkunden will, sollte sich auch den Namen Brewheart merken. Er steht für zwei Überzeugungstäter, die 20 Kilometer südlich von München, in Otterfing, für US-Craft-Beer leben.

8 Hofbräu Dunkel

Ursprünglich zur Selbstversorgung

Die von den bayerischen Königen ausgegebene Devise »Liberalitas Bavarica« – »Leben und leben lassen« – prägt bis heute das rege Treiben in Münchens berühmtestem Biertempel. Trotz Massen an Touristen sind die Einheimischen, die sich in der »Schwemme«, der weitläufigen Trink- und Speisehalle im Erdgeschoss, ihres gesellschaftlichen Status versichern, in der Mehrheit. Denn bis heute gilt, dass du erst dann jemand bist, wenn du im Hofbräuhaus einen Stammtisch hast. Die höchste Weihe: 616 Auserwählte bekommen das Manna in ihren privaten, vor Ort aufbewahrten Maßkrug gezapft. Aber auch die abgerissenen Grattler, die von Tisch zu Tisch ziehen, um selbst gemalte Bildchen zu verkaufen, gehören hier schon immer zur Folklore.

Rückblende: Als 1579 Wilhelm V. die Regierungsgeschäfte übernahm, schmeckte ihm das Münchner Bier nicht – und schon gar nicht, dass sein Hof ein Vermögen für den Edelstoff seiner Zeit ausgab, den er aus dem norddeutschen Städtchen Einbeck importierte. 1589 gründete er deshalb seine eigene Brauerei. Erst einmal zur Selbstversorgung. Er ließ die Kopie einer Klosterbrauerei errichten, dann 1614 in Einbeck einen Braumeister abwerben, der für ihn das beste Nass der damals bekannten Welt kopierte.

In seiner ganz großen Zeit stand das Hofbräuhaus für eine Sorte, die man heute vergeblich sucht. Ab 1802 wurde am Platzl ausschließlich Braunbier ausgeschenkt. Geschmacklich dürfte es mit einem britischen Red Ale und einem Düsseldorfer Alt verwandt gewesen sein. Oje! Sein bis heute kaum veränderter Nachfolger, das schwer aromatische Dunkle, ist für die zweite Hälfte des 19. Jahrhunderts typisch. Es zaubert intensive Noten frischer Brotkruste auf den Gaumen, die mehr und mehr vom falschen Eindruck überlagert werden, dass hier – trotz Reinheitsgebot – auch Trauben, gedörrte Birnen und Backpflaumen mit im Spiel sind. Das also ist er: der Geschmack des alten München. Exzellent!

Adresse Staatliches Hofbräuhaus München, Hofbräuallee 1, 81829 München, Tel. 089/921050, www.hofbraeu-muenchen.de | **Bierprofil** Dunkles, Original (helles Lager), Helles, helles, dunkles und leichtes Weizen, Kristallweizen; saisonal: Oktoberfestbier, Maibock, Winter- / Sommerbier | **Öffnungszeiten** Hofbräuhaus, Platzl 9, 80331 München, Tel. 089/290136100, www.hofbraeuhaus.de, täglich ab 9 Uhr | **Tipp** Auf der »Braukunst Live!«, Münchens jährlicher Craft-Beer-Leistungsschau, ist auch das Hofbräuhaus vertreten. Mit dem Hallodri, das nur dort ausgeschenkt und immer anders gehopft wird.

9__Kill Bill

Gemäß dem Reinheitsgebot von 1551

In seinem früheren Leben baute Werner Schuegraf, der kreative Kopf der im Frühjahr 2021 aus Haidhausen hinaus nach Perlach übersiedelten Biermanufaktur Hopfenhäcker, Brauanlagen. Rund um den Globus. Von der hemmungslosen Experimentierfreude der US-Craft-Beer-Szene begeistert, beschloss er, ihren Freigeist mit der bayerischen Brautradition zu verschmelzen. Damit den Münchnern endlich auffällt, dass ihre Bierkultur gestern großartig gewesen sein mag, sich aber längst mit der klammheimlichen Provinzialität eines Millionendorfs abgefunden hat und auf der Stelle tritt.

München gefällt sich halt selbst zu gut. Auch als Weißwurstmetropole. Schon deshalb kam Werner Schuegraf nicht umhin, auch zum Thema Weizen ein flüssiges Statement abzugeben. Es hört auf den kecken Namen Kill Bill und darf Traditionalisten selbst dann auf keinen Fall schmecken, wenn es ihnen vorzüglich mundet. Denn der Braukünstler hat einen Pakt mit dem belgischen Verwandten des Weißbiers geschlossen, dem Witbier. Was bedeutet, dass auch Koriander und Orangenschalen im Spiel sind, die bei diesem Bierstil zwingend dazugehören.

Zwar erlaubte ein 1551 vom bayerischen Herzog erlassener Nachtrag zum Reinheitsgebot das Brauen mit Koriander. Jahrhundertelang fand sich dessen Samen häufiger in den Sudkesseln als der schwer zu kultivierende und daher teurere Hopfen. Weil aber Bayern 1918 nicht davon abgerückt war, der Weimarer Republik nur dann beizutreten, wenn ganz Deutschland nur noch mit Wasser, Malz, Hopfen und Hefe brauen durfte, will der Gesetzgeber davon nichts mehr wissen.

Hochsommer. 35 Grad Celsius. Gnadenlos sticht die Sonne. Nur die Biergärten bieten Schutz vor ihren Nadelstichen. So, wie man sich jetzt das perfekte Bier vorstellt, schmeckt das Kill Bill. Noch runder, harmonischer, noch belebender und frischer als das, was wir von einem bayerischen Weißbier zu erwarten gewohnt sind. Da geht also wirklich noch einiges!

Adresse Hopfenhäcker, Unterhachinger Straße 78, 81737 München, www.hopfenhaecker.de | Bierprofil Witbier, untergäriges India Pale Ale, Rotbier, Imperial Red Ale, Smoked Baltic Porter, Helles, Hanf-Weizen, unregelmäßige Sondersude | Öffnungszeiten Direktverkauf siehe Website | Tipp In jenem markanten Gebäude in Perlach, in dem die Biermanufaktur Hopfenhäcker ihre Würze vergart, bemühte sich bis 2018 die Forschungsbrauerei, den perfekten Durstlöscher zu sieden. Die nebenan im Bräustüberl ausgeschenkten Forschungsbrauerei-Biere werden seither vom Unertl in Mühldorf am Inn gebraut.

10__Gipfel Glück

Von Vorwürfen und Wunderwaffen

Leiden ein Gaumen, der seit Jahr und Tag mit hellem Gerstensaft befeuchtet wird, und ein Bleistift, der eben einen Marathon übers Blatt gelaufen ist, an denselben Erschöpfungssymptomen? Nein! Während dem flinken Schreiberling mit einem Spitzer schnell wieder auf die Beine geholfen ist, empfiehlt es sich bei einem abgestumpften Geschmackssinn, ihn durch mehr Abwechslung im Alltag aus seiner Lethargie herauszukitzeln.

Craft-Beer-Propheten wie dem Grafikdesigner und Quereinsteiger Marc Gallo, der sich von Gestaltungsaufträgen für Bieretiketten dazu inspirieren ließ, 2015 sein eigenes Label für malzbasierte High-End-Spezialitäten zu gründen, wird gern vorgeworfen, die Welt mit zweierlei Maß zu messen. Den Traditionsbrauereien würden sie Eintönigkeit vorhalten, selbst aber auch nur in einer Grundbauart denken, dem India Pale Ale (IPA). Tatsächlich prägt der Paradestil der US-Szene Gallos Signatursude, die Road-Trip-Serie. Da sich kein anderes Grundrezept ähnlich breit variieren lässt, funktioniert die Idee dennoch prächtig, den Gaumen durch eine – je nach Land anders gemaischte und vor allem gehopfte – Reise um die Welt aus einer depressiven Phase zu locken.

Aber nur, um am Ende doch zuzugeben, dass Bayerns altbewährte Leckerlis durch nichts zu übertreffen sind! Sofern man zum Beispiel beim Weißbier das Problem beseitigt, dass es nicht alpentauglich ist. Gallo, ein passionierter Bergwanderer, beobachtete an sich selbst, dass ihm nach 1.000 Höhenmetern weder das hefige Original noch die mit Zitronenlimo gepanschte Variante, der Russ, wirklich schmecken wollten. Wohl nicht als Einzigem. Er griff zur Wunderwaffe der Craft-Brauer, den Aromahopfen Cascade, Mosaic und Amarillo, die via Kalthopfung den Gaumen noch immer zum Jodeln gebracht haben. Das zitrusspritzige Weizen Gipfel Glück, der große Wurf seines Labels Hopfmeister, avancierte über Nacht zu einem Klassiker.

Adresse Hopfmeister Braumanufaktur, Schönchenstraße 4, 81545 München, Tel. 089/74080090, www.hopfmeister.de | Bierprofil Craft-Variationen der Klassiker Helles, Weizen; Road-Trip-Serie mit wechselnden Suden; Sondersude, teils jenseits des Reinheitsgebots | Öffnungszeiten Der Shop Biervana hat eine breite Auswahl Hopfmeister-Sude vorrätig (Hohenzollernstraße 61, 80796 München, www.biervana.eu, Di, Mi 12–19 Uhr, Do, Fr 12–20 Uhr, Sa 10–16 Uhr). | Tipp Die 2018 gegründete Rammlerbräu aus Unterhaching widmet sich ausschließlich traditionellen Sorten.

11__Harakiri

Neugierde ist nur ein erster Schritt

Spätestens seit Alex Silbermann, Dario Stieren und Niklas Zerhoch mit der Münchner Filiale der Bierothek nebenbei auch ein Fachgeschäft für ästhetisch auffällige Malzalkoholika aus aller Welt betreiben, genießt das Trio den Ruf, auch bei starken Symptomen von Neugierde Abhilfe schaffen zu können. Umso mehr, weil der Laden auch ihrem Craft-Label als Hauptquartier dient. Mit diebisch guten Einfällen ziehen sie jene Verzweifelten, die von den recht eintönigen bayerischen Traditionshellen gelangweilt sind, ins kriminelle Milieu. Wo der Gaumen sogleich von ihrer Munich Brew Mafia in eine Vendetta, einen blutigen Rachefeldzug, verwickelt wird. Man sieht sich gezwungen, vor aller Augen ein Schwert zu ziehen und es gegen sich selbst zu richten. Als Aufnahmeritual. Biergenuss mit Adrenalinkick.

Die Mission des ehrenwerten Trios, Bierbayern um Trinkerlebnisse für Fortgeschrittene – und alle, die es werden wollen – zu bereichern, startete 2016. Mittlerweile deckt das Sortiment der Hipster in Lederhose alle Ausbildungsstufen ab. Auch sie produzieren ein Helles. Für Anfänger. Erst bei ihren Signatursuden, dem Vendetta, einem mit Blaubeeren vergorenen Ale, oder dem Harakiri trennt sich die Spreu der Neugierigen von den Bravourschluckern. Braumeister Dario Stieren maischt sie in einer kleinen, tief im Allgäu verborgenen Landbrauerei.

Das Harakiri basiert auf der belgischen Sorte Saison, über die in etwa so viele Definitionen in Umlauf sind, wie falsche Picassos in Museen hängen. Stierens Interpretation: ein Fast-Weizen, scheinbar alkoholarm, dafür satt an Kohlensäure. Wow, das prickelt! Vorsicht Falle: sechs Prozent! Aromatisiert wird das gute Tröpfchen mit einem der schrägsten Hopfen überhaupt, der 1984 in Japan gezüchteten Sorte Sorachi Ace. Ihr verdankt der Trunk den irreführenden Eindruck, kein reines Bier, sondern ein Mischmasch mit viel Kokosmilch und einem guten Spritzer Limone zu sein.

Adresse Munich Brew Mafia, Gerhardstraße 7, 81543 München, www.munichbrewmafia.de | Bierprofil wechselnde Anzahl mal dezent, mal offen extrovertierter Interpretationen bayerischer, deutscher, vor allem aber internationaler Bierstile | Öffnungszeiten Bierothek München, Reichenbachstraße 22, 80469 München, Tel. 089/90155889, www.bierothek.de | Tipp Seit 2018 bereichert Benjamin Saller mit seinem Label BrewsLi die Craft-Beer-Szene Münchens.

12 Salvator

Das Bier zum Reinsetzen

5,6 Millionen Augen sind dabei, wenn das Fernsehen live überträgt, wie sich die Politprominenz am Nockherberg mit Starkbier zurichtet, während ihr ein Mönch namens Bruder Barnabas die Leviten liest. »Salvator-Anstich« nennt sich das jährliche Ritual, das dem Urvater aller Biere huldigt, die auf »ator« enden. Die vier Buchstaben sind Doppelböcken vorbehalten, Kalibern mit mindestens 18 Grad Stammwürze – was mindestens sieben Prozent Alkohol entspricht.

Bruder Barnabas hieß ursprünglich Valentin Stephan Still und trat in jungen Jahren dem Mönchsorden der Paulaner bei. 1774 wurde ihm die Leitung der Brauerei des Münchner Klosters anvertraut. Die Paulaner lebten asketisch. 130 Fastentage im Jahr! Schon in den 1630er Jahren experimentierte ihr »Prew-Meister« deshalb mit Weinhefen und verschaffte so seinen Brüdern einen Nahrungsersatz, der das Bockbier toppte. Still scheint der Sankt-Vaters-Bier genannte Trunk nicht wirklich geschmeckt zu haben. Er verpasste dem Rezept einen neuen Schliff und bat Bayerns Kurfürst Karl Theodor (1724–1799), sich bei einer öffentlichen Qualitätsprobe in eine Pfütze des Gerstensafts zu setzen. Das adelige Gesäß nass zu wissen zog Jahr für Jahr mehr Durstige an, was erklärt, dass sich das Sankt-Vater-Bier bald zum auch lallend artikulierbaren Salvator verschliff. Blieb das Sitzmöbel beim Aufstehen an Karl Theodors Hosenboden kleben, galt der Sud als gelungen.

Weil die aus den Weiten Preußens zugeschalteten Fernsehzuschauer jedes Jahr erneut tief beeindruckt sind, dass Bayerns Politiker auch nach mehreren Maß nicht torkeln, zwei Hinweise: Es ist kein Zufall, dass ihnen der Salvator in blickdichten Steingutkrügen aufgetragen wird. Und: Die Mehrheit der Bayern hält das penetrant übersüße Dunkle gar nicht für ein Getränk. Man nimmt es zum Übergießen von Ente und Schweinsbraten. Weil so die Haut beziehungsweise Kruste rösch, also knusprig wird.

Adresse Paulaner ist eine Marke des Konzerns Paulaner Brauerei Gruppe, das Brauhaus befindet sich im Münchner Außenstadtteil Langwied, die Verwaltung am Standort des mittlerweile mehrfach überbauten Paulanerklosters unterhalb des Nockherbergs, www.paulaner.de. | **Bierprofil** Helles, Urtyp (ebenfalls ein Helles), Dunkles, Zwickel, diverse Weizen, Salvator; saisonal: Oktoberfestbier | **Öffnungszeiten** Paulaner am Nockherberg: siehe Nummer 13; nach der Starkbierprobe wird der Salvator 16 Tage lang ausgeschenkt | **Tipp** Welchen Stellenwert Bier in Bayern besitzt, zeigt sich am Münchner Flughafen. Seit 1999 gibt es sogar dort eine Sudstätte: die Gasthausbrauerei Airbräu.

13__Faustus

Bier mit Limo, das lass sein!

Den wenigsten der 2.500 Kehlen, die sich zu den Stoßzeiten im Freiluftareal des Paulaner am Nockherberg Abkühlung verschaffen, ist bewusst, dass sie sich am Geburtsort der bayerischen Biergartenkultur zuprosten. In etwa zumindest. Dort oben auf der Kante des Isarhochufers wurden Münchens erste unterirdische Kühllager gebaut. 1850 reihten sich um die 60 Stück aneinander, in denen Eis, das im Winter geerntet wurde, über Monate gefroren blieb. Aber erst 1812 erlaubte König Max I. Joseph, Everybody's Lieblingstrunk dort auch zu konsumieren.

Dass der Paulaner am Nockherberg heute aus dem Gros der traditionellen Genusstempel heraussticht, ist ausgerechnet einer Katastrophe zu verdanken. Im November 1999 wütete ein Feuer. Zwei Tage lang. Brandstiftung. Nichts blieb vom Vorgänger, dem Salvatorkeller, übrig. Nach langem Hin und Her erhielt der Neubau 2018 das entscheidende i-Tüpfelchen. Seither wird das Bier im Haus gebraut. Mit einer Anlage, die nur 20 Hektoliter pro Sud erlaubt und im Gegenzug pures Handwerk garantiert.

Besonders stolz ist Braumeister Uli Schindler auf sein Helles, das wie alle Haussorten naturbelassen in die Gläser kommt. Und auf eine verwegen diabolische Kreation, die in der warmen Jahreshälfte das flüssige Grauen, das Bier-Limo-Gemisch, aus dem Biergarten hinausdrängt. Man darf ihren Namen durchaus als Warnung verstehen. Sie schmeckt wie ein Russ. Und sie ist so süffig wie ein Russ. Denn sie ist mit der Hopfensorte Hallertauer Comet aromatisiert, die für reichlich Zitrus- und Blaubeeraromen sorgt. Nur besteht im Gegensatz zum Russ die Gefahr, von einer krachenden Rechten ausgeknockt zu werden. Denn bei 30 Grad Celsius hauen 6,4 Prozent ordentlich rein. Schindler umschreibt das Faustus als einen Trunk »für Leute, die gern ein leichtes Bier trinken, aber nicht auf Alkohol verzichten wollen«. Das Sommerbier des Paulaner am Nockherberg ist ein Weizenbock.

Adresse Paulaner am Nockherberg, Hochstraße 77, 81541 München, Tel. 089/4599130, www.paulaner-nockherberg.com | Bierprofil Helles, Dunkles, Weizenbock, saisonale Sondersude | Öffnungszeiten täglich ab 11 Uhr | Tipp Im Paulaner am Kapuzinerplatz wird das Bier ebenfalls direkt vor Ort gebraut, mit etwas Glück kann man dem Braumeister sogar bei der Arbeit über die Schulter schauen.

14__Casa Nova Helles

Anarchie nach Art des Hauses

Die TV-Serie »Monaco Franze« hat ihm ein Denkmal gesetzt. Dem Stenz, der ebenso charmant sein kann, wie er mit seinem Faible für das Gute und Schöne sein Umfeld in den Wahnsinn treibt. Nein, ein anderer Lebensraum als München ist für ihn nicht denkbar!

Günther Baumann, Hobbybrauer und Guru der Nachbarschaftshilfe, dürfte es nicht gefallen, wenn er zu diesen von Selbstgerechtigkeit getriebenen Originalen gezählt wird. 2005 stattete er die Waschküche im Keller seines Mietshauses mit einem Minisudwerk aus, verwandelte sie in eine Begegnungsstätte für alle, denen es wie ihm eine diebische Freude bereitet, zumindest eine Halbe lang die Gesetze des Biermarktes außer Kraft zu setzen. Drei Jahre später startete er offiziell. Seither folgen ihm Leute wie du und ich in den Untergrund, kommen in der Kellerstube zum Karteln zusammen. Baumanns bald um Ausstellungsräume und eine Theaterbühne erweiterte, nicht gewerbliche Richelbräu ist ein alternatives Stadtteilzentrum für Freunde eines selbst gefertigten Export, Märzen und Pale Ales. Ein bayernweit einzigartiger Verteidigungsschlag des guten Geschmacks, den Baumann zufolge ein Bier nur dann haben kann, wenn es mit der Hand und von Herzen gemaischt und gehopft wurde.

Zwei Sorten kann man sich gegen eine Spende einverleiben und in Kleinstmengen mitnehmen – und, wenn alle Pläne aufgehen, bald auch in ein paar Kneipen in jenem Münchner Stadtteil bestellen, von dem sich ihr Name »Casa Nova« ableitet: Neuhausen. Das eine, das Helle, unterscheidet sich gemäß der eigenbrötlerischen Definition Baumanns nur dadurch, dass das andere ein Starkbier ist. Die Richlbräu hat nicht den Anspruch, dass ein Sud wie der andere schmeckt. Im Gegenteil. Hell kann da auch mal Dunkel bedeuten. Bei der Richlbräu weiß man nie, was einen erwartet, wenn es endlich wieder Samstag ist und der Anarchist unter den Stenzen die Türe zu seinem Bierutopia aufschließt.

Adresse Richelbräu, Richelstraße 26, 80634 München, Tel. 089/132584, www.richelbraeu.de | Bierprofil Lager, Bock, beide nach Lust und Laune variierend | Öffnungszeiten Sa 14–18 Uhr, Termine für Schaubrauen, Kartelabende, Schafkopf-Turniere et cetera auf der Website | Tipp Auch die Stadlbräu aus Oberhaching bildet blutige Amateure gern zu gestandenen Hobbybrauern aus.

15__Scheps

Wo sie 2,5 Prozent vor dem Vergessen retten

Seit jenen Nächten, in denen es Volksschauspieler Walter Sedlmayr nach käuflichen Jungs absuchen ließ, hat sich in Münchens Bahnhofsviertel etliches zum Besseren gewendet. Schrill, bunt, laut, das ja. Aber gefährlich? Nein! Alle Sprachen der Welt sind zu hören. Außer einer: Bayerisch. Bis man in der Schillerstraße plötzlich vor einem Lokal steht, das sich ganz der süddeutschen Lebensart verschrieben hat. Hinter großen Fensterscheiben wird gekartelt und zum Schweinsbraten – zwei in den Gastraum eingepasste kupferne Kessel verraten es – selbst gebrautes Bier serviert.

Als Kristina und Nina Höfler ihre Schiller Bräu 2017 eröffneten, hatte der weltweite Trend, auf der US-amerikanischen Craft-Beer-Welle zu surfen, auch München erfasst. Alle staunten, wie anders Bier schmecken kann. Die beiden Wirtinnen aber folgten einer anderen Mission. Sie wollten den Münchnern das Wohlgefühl einer Dorfwirtschaft und den Wohlgeschmack echt handwerklicher, nur im kleinen Stil gebrauter Biere zurückbringen, wie man sie in Bayern immer schon ausschenkte. Und weil sie auch ein Leichtes am Hahn liegen haben wollten, haben sie obendrein einen Sommertrunk vor dem Vergessen gerettet, der auf den Höfen Niederbayerns einst bei der schweißtreibenden Erntearbeit und auch von den Jüngsten im großen Stil konsumiert wurde: das naturtrübe Scheps.

Das Scheps ist die weltliche Version eines Klosterbiers, das schon im Mittelalter die Laien und Fronarbeiter bei Kräften hielt. Während für das dünne »Convent« bereits ausgekochtes Malz ein zweites Mal eingemaischt wurde, gönnten sich Niederbayerns Bauersfrauen für ihr Eigengebräu allerdings frische Zutaten. Ohne den garantiert keimfreien, mild malzigen und dezent herben Wasserersatz wären kein Knecht und keine Magd, kein Greis und kein Kind Morgen für Morgen auf die Getreidefelder gezogen, um sie in sengender Sonne von Hand abzuernten. Beim Schiller Bräu kommt der Durstlöscher auf verkraftbare 2,5 Prozent.

Adresse Schiller Bräu, Schillerstraße 23, 80336 München, Tel. 089/890584820, www.schiller-braeu.de | Bierprofil Scheps, Helles, Weizen, monatlich wechselnde Sondersude | Öffnungszeiten Di–Sa ab 16 Uhr | Tipp Die Münchner Haidbräu ist ein Integrationsprojekt der Arbeiterwohlfahrt für behinderte Menschen, die in der Brauerei mitarbeiten.

16__Münchner Hell

Die Mama aller Blondinchen

Tag für Tag dieselbe Choreografie vor den Getränkemärkten. Pkw umkreisen sich. In einer chaotischen, instinktgesteuerten Ordnung. Das Bild erinnert an einen Ameisenhaufen, der gerade von einer räuberischen Art überrannt wird. Unentwegt zerren, schleppen und rollen die Angreifer kantige Larven aus dem Stock – so viele, dass man aus dem Staunen nicht herauskommt. Beutestücke, deren Design auf das Blau-Weiß des bayerischen Himmels anspielt, sind am begehrtesten, Kästen in der Signalfarbe für das Helle. Aber nur selten prangt auf den Flaschen das Logo jener Brauerei, die den mit Abstand beliebtesten Trunk einst erfunden hat. Die Hoffnung der Spatenbräu, sich zum 125. Jubiläum des Erstsuds jenen Platz in den Herzen der Münchner zurückzuerobern, der ihr eigentlich gebührt, erfüllte sich nicht. Obwohl man für den 2014 erfolgten Relaunch das Originalrezept heranzog und bei der mit Abstand teuersten Zutat, dem Hopfen, zumindest vorerst nicht auf den Preis schauen wollte.

Spaten, das war Münchens erste Brauerei, die Bier zu produzieren vermochte, das immer gleich schmeckt. Eine Revolution, die den Aufstieg der Stadt zur Biermetropole in Gang brachte. Das technische Know-how hatte sich Gabriel Sedlmayr der Jüngere in den 1830er Jahren auf einer Spionagereise durch England verschafft. Als seine Söhne Johann, Carl und Anton die Spatenbräu 1874 übernahmen, galt es, den norddeutschen Markt zu erobern. Bei den Saupreußen mit erster Qualität punkten zu können, daran glaubte das Trio nicht. Es erfand eine neue Sorte, die die Eigenschaften frischen Quellwassers imitiert: arm an Geschmack, Gehalt und Farbe. Das feinherbe Blondinchen kam so gut an, dass sich das Trio ein Jahr später entschloss, es auch an den Münchnern auszuprobieren. Die aber wussten nicht so recht, als sie es am 20. Juni 1895 erstmals kosteten. In Bayern in aller Munde ist das Helle erst seit den 1980er Jahren.

Adresse Spaten-Franziskaner-Bräu, Marsstraße 46–48, 80335 München, Tel. 0800/52205203, www.spatenbraeu.de | **Bierprofil** Helles; saisonal: Oktoberfestbier | **Öffnungszeiten** Termine für Brauereiführungen auf www.franziskaner-weissbier.de | **Tipp** Auch die im 19. Jahrhundert stilprägende Traditionsmarke Löwenbräu ist nur noch ein Schatten ihrer selbst. Wie die Spatenbräu ist sie im größten Braukonzern der Welt, Anheuser-Busch InBev, aufgegangen und wird von Bremen aus gesteuert.

17 Das Helle

Ein neues Maß aller Dinge

»Saufts ned so vui«, rief Karl Valentin seinen Mitmünchnern zu, »trinkts lieber a Bier.« Nirgends beherzigt man den guten Rat des Großmeisters des trockenen Humors mit noch mehr Inbrunst als im »Frisches Bier«, einer Kneipe vis-à-vis dem alten Schlachthof. Mit ihren 14 Zapfhähnen ist sie das Wohnzimmer jener Craft-Beer-Freaks, die beim Trinken die Akribie eines Briefmarkensammlers an den Tag legen und jede neu probierte Sorte von einer To-do-Liste streichen. Gelegentliche Raufereien inklusive, denn speziell bei Raritäten kann es schon einmal vorkommen, dass mehr Anwärter vor Ort sind als Portionen im Fass.

Frisches Bier, das ist zugleich der Brewpub des Braurebellen Tilman Ludwig, der 2014 beschloss, fortan Eulen nach Athen zu tragen. Irgendwer musste sie ja endlich einmal ausarbeiten: Verbesserungsvorschläge, wie sich das angebliche Maß aller Dinge, das Allerheiligste der Münchner Großbrauereien, ihr Helles, zu einem gehobenen Trinkerlebnis modifizieren lässt, zu einem Trunk auf Weltniveau. Er gründete eine Gipsy-Brauerei – und wurde 2014 für sein Debüt wider Erwarten nicht zum Ketzer erklärt. Ganz im Gegenteil. Gipsy-Brauerei meint, dass Tilman Ludwig kein eigenes Sudhaus betreibt, sondern sich temporär bei anderen einmietet, zum Beispiel bei der Brauerei Gut Forsting.

Der Klassiker des Labels Tilmans, Das Helle, wird durch eine nachträgliche, zusätzliche Gabe der teuersten Brauzutat reinheitsgebotkonform mit reichlich Zitrus- und anderen Fruchtaromen angereichert. Wegen dieser Kalthopfung ist es freilich doppelt so teuer wie ein Augustiner. Um den Malzkörper und die Bittere in die für ein Helles typische Balance zu bringen, bleibt es unfiltriert. Supersüffig. Megavollmundig. Da hat einer – frei nach Karl Valentin – aber wirklich mögen wollen! Und weitere, dem Bayern heilige Sorten (Dunkles, Weizen, heller Bock) einem Gourmetupdate zu unterziehen, das hat er sich dann auch noch getraut.

Adresse Tilmans Biere und Frisches Bier, Thalkirchner Straße 53, 80337 München, Tel. 0174/9451535, www.tilmansbiere.de | Bierprofil Helles, Pils, Dunkles, Pale Ale, Brown Ale, heller Bock, helles Weizen, Sondersude | Öffnungszeiten Direktverkauf mit Ausschank, Zenettistraße 43, 80337 München, Tel. 0175/5713832, Mo–Do 10–23 Uhr, Fr, Sa 10–2 Uhr, So 10–23 Uhr; Frisches Bier, www.frischesbier-muenchen.de, Di–So ab 17 Uhr | Tipp Gibt es eigentlich in oder um München einen Getränkemarkt, der so gut sortiert ist, dass man dort gleich einen ganzen Schwung der in diesem Buch vorgestellten Biere bekommt? Ja klar! Getränke Liebick in Germering, www.landbierzentrale.de.

18__Frisch-Pils

Reiner, als das Reinheitsgebot verlangt

Wussten Sie, dass die Oktoberfest-Brauereien das Reinheitsgebot von 1516 nicht als älteste Lebensmittelverordnung der Welt anerkennen? Denn es darf nicht sein, dass dieser Superlativ in Ingolstadt und nicht in München verkündet wurde! Weshalb man eine Verordnung ins Feld führt, die Albrecht IV. bereits 1487 für seine Residenzstadt erließ. Hat das nicht etwas von Friendly Fire? In einer Zeit, in der internationale Braukonzerne überlegen, in Brüssel ihre Lobbyisten von der Leine zu lassen. Freie Zutatenwahl! Europaweit harmonisiert! Nach dem Motto: Gleiches Recht für alle. Auf Reis, Mais und Chemie im Bier.

Zugegeben, auch das klangvolle Wort Reinheitsgebot hat einen Schönheitsfehler. Er liegt dort, wo es uns Bilder eines heilen Bauernlands in den Kopf projiziert. Wenn ein Endprodukt nur aus reinen Zutaten zusammenfügt wird, ist es immer etwas Reines. Deshalb wurde Bio-Bier von der fürs Intuitive zuständigen rechten Gehirnhälfte lange mit alternativen Getreiden assoziiert. Aber nicht mit dem auf der linken Seite gespeicherten Wissen, dass konventionelle Braugerste mit einem ganzen Arzneischrank an Giften frei von Unkraut, Pilzbefall und Krankheiten gehalten wird.

Um endlich auf unserer extrem formidables Pils und das Label Wolfscraft zu sprechen zu kommen: »Wir möchten einfach diese Barriere durchbrechen, dass Leute sagen, Bio-Bier schmeckt nicht«, so Gründungsmitglied Manfred Jus in einem Interview mit dem Blog Hopfenhelden. Und wir möchten gleichzeitig »deutsche Biersorten wieder cool machen«. Was im Fall des Pils bedeutet, den trockenen Charakter dieses Bierstils durch eine Hopfung zu unterstreichen, die Noten von Stachelbeere und Quitte erzeugt. Mit zehn Doldensorten hat das Trio jongliert, bis die für ihren Gaumen perfekte Mischung gefunden war. Reiner, als das Reinheitsgebot verlangt. Zudem klimaneutral. Und gleichzeitig das beste Pils einer wahrlich eitlen Stadt.

Adresse Wolfscraft, Hopfenstraße 8, 80335 München, Tel.089/52069400, www.wolfscraft.de | **Bierprofil** Helles, Lager, Pils | **Tipp** Hinter dem Bio-Label Wunderbräu, das sich auf südbayerische Klassiker spezialisiert hat, stecken ebenfalls die Macher von Wolfscraft: der Italiener Cemal Cattaneo und der Franke Manfred Jus.

19 Maibock

Brauen als Landschaftsmalerei

Ach ließe sich doch das Brauereisterben rückgängig machen, das man, Depp, der man ist, durch sein Kaufverhalten selbst mitverschuldet hat! Dieses für das Bayern von heute typische Stoßgebet erklärt, weshalb man draußen auf dem Land die Eröffnung eines Mikrosudhäuschens wie eine Heldentat feiert. Es sei denn, jemand geht die Sache so an wie Max Sedlmeier in seinem Heimatörtchen Altenstadt. Als er 2010 erstmals in seine Maxbrauerei einlud, hatte er kein helles Lagerbier im Programm. Nur ein Weißbier, einen Weizenbock und ein India Pale Ale. Nichts Trinkbares also! Und dann stellte er auch noch öffentlich das Niveau der lokalen Blaskapelle in Frage!

Zehn Jahre später. Max Sedlmeiers Degustationen und Braukurse werden eifrig gebucht, sogar ein Stammtisch hat sich in seiner Verkostungsstube eingenistet. Der Durchbruch kam mit dem Bierkalender, einer Abfolge von zwölf auf die Jahreszeit abgestimmten Leckerlis, die man sich, von Hand abgefüllt, im Abo zuschicken lassen kann. Jedes eine Gratwanderung zwischen gewachsener Tradition und der Sehnsucht nach neuen, anderen Geschmackserlebnissen. Beispiel Maibock. Der in Weihenstephan ausgebildete Braumeister verpasst dem von Natur aus hocharomatischen Starkbier, dessen Erfindung das Münchner Hofbräuhaus für sich reklamiert, eine zusätzliche, nachträgliche Gabe Simcoe. Eine glänzende Idee, denn dieser Hopfen verstärkt den für diesen Bierstil typischen Eindruck, über eine Blumenwiese zu spazieren. Brauen als Landschaftsmalerei. Und der Weg führt in einen Frühlingswald, in dem Milliarden von Knospen ans Licht drängen …

Fortgeschrittene seien hiermit auf Sedlmeiers Gose hingewiesen, einen bereits um das Jahr 800 dokumentierten Bierstil, an den sich nur wenige Brauer herantrauen. Bei ihr stehen auch Salz und Koriander auf der Zutatenliste. Eine Gose wird auch mit Milchsäure vergoren und ist ein durch und durch saures Vergnügen.

Adresse Maxbrauerei Biermanufaktur, St.-Lorenz-Straße 14, 86972 Altenstadt, Tel. 0160/8258198, www.maxbrauerei.de | **Bierprofil** ganzjährig Zwickel, Dunkles, Weizen; Bierkalender mit zwölf wechselnden Monatsbieren | **Öffnungszeiten** Verkostungsausschank und Direktverkauf Di, Mi, Fr 14–17.30 Uhr, Do 14–22 Uhr | **Tipp** Im nahen Städtchen Weilheim hegt und pflegt die Dachsbräu die altüberlieferte bayerische Braukunst.

20 Andechser Doppelbock Dunkel

Der hat noch jeden umgehauen

Wenn in Bayern ein Junge die nötige innere Reife erlangt hat, um Alkohol trinken zu dürfen, zeigt sich die wahre Bedeutung des Bollerwagens. 364 Tage lang verstaubt die Miniaturausgabe eines bis in die 1960er Jahre omnipräsenten Allzwecktransportmittels im Keller. Aber dann ist es wieder so weit. Ist ein Debütant dabei, werden die zwei Kästen Bier nicht das Einzige bleiben, mit dem ein Vater und dessen Freunde das Gefährt im Lauf des Tages beladen werden.

Ein Tuch, mit dem dem Heiland am Kreuz der Todesschweiß von der Stirn gewischt wurde, ein Splitter der Dornenkrone, ein Gürtel Maria Magdalenas und andere Mitbringsel aus dem Heiligen Land begründen den Ruf des namhaftesten aller bayerischen Pilgerorte. 1388 auf wundersame Weise wiederentdeckt, wollte Herzog Albrecht III. die Devotionalien sicher verwahrt wissen. 1455 gründete er deshalb auf einer Erhebung im Hinterland des Ammersees ein Kloster. An den Tagen um Christi Himmelfahrt, an denen sie dort gezeigt wurden, nahmen die Gläubigen wahre Gewaltmärsche auf sich. Damit sie genügend Kraft für den Rückweg hatten, füllten ihnen die Mönche einen besonders nahrhaften Trunk ins Glas. Seit sich der christliche Feier- schließlich zum Vatertag wandelte, überlagert die Anbetung des sämigen, 7,25 Prozent starken Andechser Doppelbocks den Reliquienkult.

Noch am Vormittag hat sich unser Grüppchen mit Hunderten anderer vereint, die sich sternförmig auf den heiligen Berg zubewegen. Zur besten Weißwurstfrühstückszeit erreicht es die Klosterschwemme. Jetzt wird das Initiationsritual ganz von allein seinen Lauf nehmen. Schon weil der Debütant nicht weiß, dass die Klosterbrauerei auch etwas anderes ausschenkt, lässt er sich eine Maß des tiefbraunen Zaubertranks zapfen. Um bald darauf in den Bollerwagen abgelegt zu werden, wo er den Rest des wundervollen Ausflugstags verschlafen wird.

Adresse Klosterbrauerei Andechs, Bergstraße 2, 82346 Andechs, Tel. 08152/376252, www.andechs.de | Bierprofil Helles, Märzen, Export, Dunkles, helles und dunkles Weizen, heller Bock, Weizenbock, Doppelbock | Öffnungszeiten Bräustüberl mit Schwemme im Klosterhof täglich 10–20 Uhr | Tipp Im namensgebenden Hauptort des Starnberger Sees stillt das Starnberger Brauhaus den Durst der Einheimischen und Ausflügler.

21 Celebrator

Vom Bierpapst gesegnet

Mit derselben Selbstverständlichkeit, mit der die Uhren in Bayern halt ein bisserl anders gehen, ist dort auch die Grundregel außer Kraft gesetzt, dass man nur eines von beiden brauen kann: Masse oder Klasse. Gefühlt schon immer vertraut man seinen Durst lieber einer Dynastie an – den Grafen Arco, den Sedlmayrs, Hackers und Pschorrs –, als ihn mit einem Trunk vom Dorfbräu zu stillen. Inselkammer heißt die Familie, vor der sich der Volkskörper heute verneigt. Ein Zweig hält das Münchner Augustiner auf Kurs. Ein anderer, der Ayinger, sorgt dafür, dass Touristen aus den USA und natürlich auch die Münchner wissen, wo sie sich jederzeit ordentlich zurichten dürfen: zu Füßen des höchsten Maibaums Europas.

Ach, unsere lieben amerikanischen Schlucker! Jenseits des Großen Teichs kam die Idee der Ayinger Inselkammers, ihrer Bravoursorte Nippes aus Plastik um den Flaschenhals zu hängen, so gut an, dass ihr Bier dort den Ruf genießt, noch bayerischer als das Hofbräuhaus zu sein. Zumindest wird es so kolportiert. Der Nippes, das ist der Ziegenbock vom Etikett des Celebrators. In Wahrheit ist der Ruhm dem einflussreichen Beverage Testing Institute aus Chicago zu verdanken, das den dunklen Doppelbock gleich mehrmals zu einem der weltbesten Biere gekürt hat. Zu Recht, bestätigt Conrad Seidl, der Bierpapst des neutralen Österreich: »Fast schwarz, mit ganz leicht rötlichem Ton, ein sensationeller, fester Schaum und ein ganz ungewöhnlicher Duft, der zuerst an Grammelschmalz erinnert. Der Antrunk ist von milder Fülle mit einem begleitenden Kaffeeton, der im Nachtrunk dominierend ist. Von der bei Doppelböcken häufigen Süße ist kaum etwas zu spüren.«

40 Minuten braucht die S-Bahn von München nach Aying, in dessen prosperierende Dorfbrauerei 1932 ein gewisser Franz Seraph Inselkammer einheiratete – der Stammvater der Dynastie. Ein zünftiger Genussort mit Klasse, aber für die breite Masse. Kommerziell, ehrlich, überlaufen und echt.

Adresse Brauerei Aying Franz Inselkammer, Münchener Straße 21, 85653 Aying, Tel. 08095/880, www.ayinger.de | **Bierprofil** Vollsortiment aus 15 traditionellen, ständigen und saisonalen Sorten | **Öffnungszeiten** Direktverkauf Mo–Fr 8–18 Uhr, Sa 8–13 Uhr; Brauereiführung Di 11 Uhr, Do 18 Uhr, Sa 10 Uhr; Bräustüberl (einfach), www.ayinger-braeustueberl.de, täglich ab 9 Uhr; Restaurant im Braugasthof (gehoben), www.brauereigasthof-aying.de, Mo, Do–So 11.30–14.30 Uhr und ab 18 Uhr | **Tipp** Sich auf einen Schlag viele Biere aus diesem Buch kaufen und zahlreiche weitere bayerische Geschmackswunder in den Kofferraum laden kann man bei Getränke Haußmann in Feldkirchen bei München.

22 Kloster Hell, unfiltriert

Auf natürliche Art geklärt

Das weitläufige Gemäuer, das seit nun schon 1.000 Jahren nicht müde wird, vom Hochufer des Flüsschens Alz aus den Menschen auf die Finger zu schauen, hat schon glanzvollere Zeiten erlebt. Bis heute hat sich das Kloster Baumburg nicht von der schlechten Nachricht erholt, im Zuge der Säkularisation 1803 zerstückelt zu werden. Was der Drang, das große Ganze durch den Abriss einzelner, nutzlos gewordener Gebäude handhabbar zu machen, übrig gelassen hat, entpuppt sich als Genussort erster Klasse, hat man sich erst einmal auf der Innenhofterrasse der Klosterwirtschaft niedergelassen. Die Augen weiden sich am Morbiden, das ihnen mehr zu bieten hat als der Hochglanz eines perfekt restaurierten Touristenmagneten. Der Gaumen freut sich auf ein ob seiner Einfachheit unübertroffenes Leckerli vom Fass.

Wichtiger als der schöne Schein ist der Familie Dietl, die seit 1858 – damals noch unter dem Namen Niggl – die Brautradition des Klosters fortschreibt, die Qualität des Bieres. Nicht wenige halten ihre 6.000 Hektoliter Jahresausstoß kleine, in den nördlichen Seitentrakt eingepasste Sudstätte für Altbayerns heimliche Hauptschatzkammer des Genusses. Das Dunkle, das sich selbst auf natürliche Art – durch extrem lange Reifung – geklärt hat und in kräftigem Kastanienbraun aus dem Glas leuchtet. Der 6,8 Prozent schwere Chorherrenbock: ein perfekt ausbalanciertes Terzett aus süßen Rosinen- und behäbigen Röstaromen und einer tiefgründigen Bittere. Suchtauslösend!

Wer das Highlight unter den über ein Dutzend Sorten kosten will, muss sich allerdings persönlich ins Bräustüberl im Klosterhof begeben. Wider jede Konvention hat man sich entschieden, die unfiltrierte Version des Hellen nicht in Flaschen abzufüllen. Nur hier, im Bräustüberl, kann man sie sich zapfen lassen. Schlank. Aber gleichzeitig komplex und geheimnisvoll. Oho! und Ja!, schnalzt der Gaumen. Eine Limitierung, die Schule machen sollte!

Adresse Klosterbrauerei Baumburg, Baumburg 20, 83352 Altenmarkt an der Alz-Baumburg, Tel. 08621/98260, www.baumburger.de | **Bierprofil** Helles, Export, Märzen, Pils, Dunkles, helles und dunkles Weizen, diverse Böcke und Eisböcke | **Öffnungszeiten** Direktverkauf Mo–Fr 9–12 und 13–17 Uhr; Bräustüberl im Klosterhof, Tel. 08621/5155, www.bräustüberlbaumburg.de, Mo–Sa ab 10.30 Uhr, So ab 10 Uhr | **Tipp** Die Schlossbrauerei Stein Wiskott aus dem nahen Stein an der Traun hätte wahrlich auch eine ganze Seite verdient. Für ihr Export – und ihre Weißbiere.

23 Eittinger Hell

Das neue Warten auf Godot

Der Kommentar des von Weltschmerz und Selbstzweifel zernagten englischen Dichters William Cowper (1731–1800) zu Komfort und Luxus bringt auch die entscheidende Wesensart der beliebtesten der bayerischen Biersorten auf den Punkt: »Das einfache Leben ist eine schwierige Angelegenheit.« Das Helle hat schon manchem Braumeister vorzeitig graue Haare wachsen lassen. Denn es folgt der Devise, dass weniger Hopfen und Malz der Weg ist zu mehr Eleganz und Leichtigkeit. Zum Beispiel das mollig süße Dunkle einer Sudstätte namens Eittinger Fischerbräu. Seine Röst-, Mokka- und Dörrobst-Aromen sind so kräftig, dass sie kleine Unpässlichkeiten, die Tobias Vincenti etwa bei der Gärführung schon mal passieren können, spielend überlagern. Vincentis Bestseller hingegen, das Helle, verzeiht seinem Brauer keinen Fehler.

Eitting, das ist ein altes Bauerndorf in der Einflugschneise des Münchner Flughafens, dessen fast 3.000 Einwohner um fünf Uhr in der Früh von den ersten Mallorca-Bombern aus dem Schlaf gerissen werden. Dort kaufte 1932 ein Münchner Bierhändler eine noch junge, aber bereits sanierungsbedürftige Brauerei. Außerhalb der Region hat man sie erst seit Ende der 2010er Jahre auf dem Schirm, als sie unter anderem für ihr Helles eine Auszeichnung nach der nächsten einzusammeln begann. 2016 zwang eine familiäre Notlage Tobias Vincenti, noch während des Studiums den elterlichen Betrieb zu übernehmen. Seither liegt es an seiner Nervenstärke, dass der Kenner bekommt, was er sich von der Eittinger Fischerbräu verspricht: ein Helles, das sich im Mund sehr wohl zurückzunehmen weiß – wiewohl es ebendort ein Theaterstück im Stil von Samuel Becketts »Warten auf Godot« in Szene setzt. Erster Akt: der Antrunk. Eine zartbesaitete Süße. Sie streichelt die Zunge. Dann: Pause. Und weiterhin: Pause.

Plötzlich wieder Licht auf der Bühne. Diesmal eine schüchterne Bittere. Gehaucht. Ein Monolog, der einfach nicht enden will …

Adresse Eittinger Fischerbräu, Gadener Straße 20, 85462 Eitting, Tel. 08122/9598960, www.eittinger.de | Bierprofil Helles, Naturtrübes, Dunkles, Pils, helles Weizen; saisonal: Sommerbier, Kirtabier, Doppelbock, Weihnachtsbier; drei Craft-Biere unter dem Label Braumanufaktur Tobias Vincenti, www.tvbier.bayern | Öffnungszeiten Direktverkauf Mo–Do 7–16 Uhr, Fr 7–14 Uhr, Sa 9–12 Uhr; Bräustüberl, St.-Georg-Straße 8, 85462 Eitting, Tel. 08122/42902, Do–Sa ab 11 Uhr, So 10–14 Uhr | Tipp In einem Ortsteil der nahen Gemeinde Bockhorn braut die Schloßbrauerei Grünbach exzellente Weißbiere.

24 Curator / Winterbock

Harmonie hat viele Namen

Tag für Tag muss sich das in die Ammergauer Alpen eingepasste Kloster Ettal der Herausforderung stellen, von Tausenden Touristen überrannt zu werden. Ein Fluch, den die Benediktiner, die (mit Unterbrechung) seit 700 Jahren das Wohl und Wehe des geheiligten Orts verantworten, freilich in einen Segen verwandeln. Schließlich waren Reisende schon immer gern bereit, Geld auszugeben. Man kann ihnen alles verkaufen. Aber zur Freude des Gaumens entschieden sich die Mönche dafür, den Durst der Pilger unserer Tage lieber mit überraschend aufwendig gebrauten und daher außergewöhnlich exzellenten Bieren zu stillen. Die Landschaft. Das Rokoko. Die Aura. Speziell jene Sorten, deren Namenszusatz »1609« auf das Jahr verweist, ab dem die Klosterbrüder ihre Sude nicht mehr allein für Gottes Lohn veräußern durften. Alles wie aus dem Bilderbuch.

Im Gegensatz zu den Bierklöstern Andechs und Weltenburg gehören in Ettal Schluckspechte, die sich gleich noch einen dunklen Bock einfüllen und deshalb schon vormittags lang gestreckt daliegen wie ein gefällter Baum, nicht zur Folklore. Auch wenn in der Brauerei, die auf der Rückseite des Klosterareals versteckt ist, beinahe ganzjährig ein Exemplar heranreift, das es trotz seiner fast schon bescheidenen sieben Prozent locker mit allen dunklen Geschmackswundern, auch wenn sie etliche Umdrehungen mehr haben, aufnehmen kann. Schwer süß. Zum Gaumen stets jovial. In sich ruhend. Harmonisch ausbalanciert. Näher mit einem edlen Sherry als mit dem verwandt, was sich der gemeine Ausflügler zum Mittagessen bestellt. Ettals Benediktiner hängen die Existenz dieses samtweichen Kunstwerks halt nicht an die große Glocke. Unter zwei Namen wartet es im Klosterladen darauf, entdeckt, gekauft und aus einem Whiskyglas in kleinen Schlucken genippt zu werden. Im 0,33-Liter-Fläschchen heißt die Köstlichkeit Curator, in der Ein-Liter-Plopp-Flasche Winterbock.

Adresse Klosterbrauerei Ettal, Kaiser-Ludwig-Platz 1, 82488 Ettal, Tel. 08822/746450, www.ettaler.de | **Bierprofil** Helles, Dunkles; in der 1609-Serie: Helles, Spezial (Märzen), heller und dunkler Bock | **Öffnungszeiten** Direktverkauf im Klosterladen an der Klosterpforte Mo–Sa 9.30–16.30 Uhr, So 13.30–16.30 Uhr, Brauereiführung Di und Fr 10 Uhr | **Tipp** In der Fernsehwerbung taucht immer wieder ein Benediktiner Weißbier auf, das mit Ettaler Hefe, aber im hessischen Lich gebraut wird. Des Rätsels Lösung: Als die Ettaler Klosterbrauerei in den 1990er Jahren an die ihr baulich gesetzten Grenzen stieß, stellte man die Weißbierproduktion ein und vergab die Rezepte in Lizenz.

25 Huber Weisses Original

Everybody's Darling

Sie können gar nicht alle miteinander verwandt sein, die Hubers, denn dafür sind sie viel zu viele. Allein in München hören über 6.000 Menschen auf diesen Namen. Huber leitet sich von einer Hube ab, einem Stück Ackerland, das groß genug war, um die Familie damit durchzubringen. Allesamt Nachfahren von sturen, derben Bauern also. Von einem Menschenschlag, den wir uns freilich auch als blitzgescheit vorstellen müssen, wenn es wieder einmal galt, sich gegenüber dem Staat und der Kirche dumm zu stellen.

Versuchen wir, diese urbajuwarischen Charakterzüge in ein Bier zu übersetzen. Wie könnte es schmecken? Natürlich wie das Huber Weisses Original!

Karl Stiegler hieß der Braumeister, der den sämig-samtigen Hefetrunk 1860 erfand. In einem Akt anarchistischer Bauernschläue. Nachdem er sich im Freisinger Hofbrauhaus für dessen Besitzer, den Grafen von Arco-Steppberg, krummgeschuftet hatte, eröffnete er in diesem Jahr sein eigenes Braugasthaus. Es florierte von Beginn an. Dank des Know-hows, das er an seinem alten Arbeitsplatz stibitzt hatte. Der Aromenmix! Ein exotischer Obstsalat mit viel Mandarine, Ananas, Mango, Kiwi und Banane. Da ist für jeden etwas dabei. Das eigentliche Erfolgsgeheimnis: die sensationelle Drinkability. Ein Weizen mit nur wenig Kohlensäure. Davon kann man drei trinken, ohne aufstoßen zu müssen.

Ob sich der Herrgott sogar ein viertes einverleiben würde, ist nicht bekannt. Dass er Stieglers Söhne viel zu früh zu sich rief, hingegen schon. Als Folge ihres Todes fiel die Weißbierbrauerei 1897 an einen charismatischen Herrn, mit dessen Name sich ein letztes Fragezeichen auflöst: Xaver Huber. Das berühmte Logo, den weißen Polarbären, ließ sich sein Sohn Nikolaus Huber 1937 einfallen. Ironie der Geschichte: 1976 kehrte das Kultweizen an seinen Ausgangsort zurück. Seither darf es im Gräflichen Hofbrauhaus Freising zur Vollendung heranreifen.

Adresse Gräfliches Hofbrauhaus Freising, Mainburger Straße 26, 85356 Freising, Tel. 08161/6010, www.hofbrauhaus-freising.de | Bierprofil Huber Weisses Original (helles, dunkles, leichtes Weizen, Kristallweizen; saisonal: Weizenbock), Hofbrauhaus Freising (Helles, Kellerbier, Dunkles, Märzen; saisonal: Festbier, Wintermärzen), Graf Ignaz (Pils), Graf Toerring (Helles, Export; saisonal: Bock, Wintermärzen) | Öffnungszeiten Wirtshaus (und ehemaliges Brauhaus) Weißbräu Huber, General-von-Nagel-Straße 5, 85354 Freising, Tel. 08161/548686, www.weissbraeu-huber.de, Mo–Fr ab 11 Uhr, Sa, So ab 10 Uhr | Tipp In Freising gründeten 2015 vier Studenten das Brauprojekt Isarkindl, das traditionelle Sorten zeitgemäß aufpeppt. Jeden Herbst entsteht zudem ein Bier, das das Kollektiv mit wildem Hopfen würzt.

26__Leichtere Weisse

Wie's der Deifi so will

Altötting lebt gut davon, dass dort Ritualhandlungen vollzogen werden, die den heidnischen Opferkulten afrikanischer Naturreligionen in nichts nachstehen. Wer es wirklich ernst meint, wenn er die aus Lindenholz geschnitzte Schwarze Madonna um ein Wunder bittet, muss ihr Heim, die Gnadenkapelle, umrunden. Nachts. Auf Knien. Auf blutigen. 20-, ja 40-mal. Ein Holzkreuz über der Schulter, »… gebenedeit ist die Frucht deines Leibes« murmelnd. Natürlich muss man sich als Einheimischer vor dem Ansturm von jährlich 1,3 Millionen Heilssuchern schützen!

Ausgerechnet den Deifi, den Teufel, hat die kleine Graminger Weissbräu zu ihrem Maskottchen erkoren. Nicht zuletzt dank des Abwehrzaubers des in ihrem Wirtshaus, ihrem Biergarten und via Etikett auch auf ihren Bierflaschen omnipräsenten Herrn, realistisch betrachtet freilich wegen der etwas abgeschiedenen Lage, ist ihr urig bodenständiger Genusstempel nur bei jenem Teil der Bevölkerung in aller Munde, der sich von einem sündhaft guten Stöffchen gern in Versuchung bringen lässt. Anno 1900, so der Gründungsmythos, zauberte der Schmied des damals eigenständigen Dörfchens Graming in einem Waschkessel einen Trunk, der so gut gelang, dass die Bauern und ihre Knechte schon wussten, wo sie ihre Freizeit verhockten. Seit 1920 im Besitz der Familie, teilen sich heute die Schwestern Birgit, Iris und Sabine Detter die Zubereitung und Darreichung maximalbayerischer flüssiger und fester Gaumenfreuden.

2019 warf der Deifi ihren Tanklaster auf dem Weg in die Abfüllerei auf die Seite. Freilich nur, um die Spezialität des Hauses, die trotz läppischer 3,7 Prozent nur so vor den typischen, überbordenden Aromen eines bernsteintrüben Hefes strotzt, auf seine Art aufs Siegerpodest zu heben. Beim Wettbewerb European Beer Star gab es für die verunfallte Leichtere Weisse Gold. Nach 2005 und 2006 zum dritten Mal. Schmeckt wie eine perfekt gereifte echte. Aber man darf auch nach mehreren den Führerschein behalten.

Adresse Graminger Weissbräu, Graming 79, 84503 Altötting-Graming, Tel. 08671/96140, www.graminger-weissbraeu.de | **Bierprofil** Pils, Märzen, helles, dunkles, leichtes Weizen; saisonal: Kirtaweizen, Weizenbock | **Öffnungszeiten** Braugasthaus mit Biergarten Mo, Di, Fr, Sa ab 11 Uhr, So ab 10 Uhr | **Tipp** Nach schweren Jahren, in denen Altöttings zweite Brauerei, Hell-Bräu, auf die Sudhäuser anderer ausweichen musste, entstehen ihre Biere wieder komplett vor Ort.

27 Weißbier Original

Für ihren Geschmack genug gewachsen

Nett zueinander zu sein, das war in den gar nicht so fernen Zeiten, in denen die Tradition noch etwas galt, die Sache der Bayern nicht. Das größte Lob, das ein Kind strenger Eltern erwarten konnte: sich ausnahmsweise mal keine Watschn einzufangen. Und bei denen, die ihre Buam und Dirndl verzärtelten? Da hat der Babba auch mal lächelnd »Bast scho!« gesagt.

Von daher erscheint uns der Gründungsmythos der auf Weißbier spezialisierten Brauerei Unertl aus dem beschaulichen Marktflecken Haag heute deutlich schmerzhafter, als er sich damals angefühlt haben dürfte. Als Alois Unertl nach drei Jahren Kriegsgefangenschaft 1948 nach Mühldorf am Inn zurückkehrte, hatten die Eltern ihre Brauerei auf den Bruder überschrieben, den Erstgeborenen. 40 Mark in der Tasche, fand er 30 Kilometer westlich eine Gasthausbrauerei, die er übernehmen konnte. Ohne Sudanlage. Die war für Kriegsgerät eingeschmolzen worden. Ein Metzger half mit einem undichten, ausrangierten Wurstkessel aus. Der Enterbte braute ein Weißbier, das die Haager mit der Zunge schnalzen ließ. Trotz ihrer Abneigung gegen Zugezogene.

Unertl. Ein Name, zwei Brauereien. Von denen es nur eine auf die Liste der 100 besten Biere der Welt geschafft hat. Als kompromisslos famos bejubelte Michael Rudolf das Flaggschiff der Haager, das Weißbier Original, einem der Farbe nach den dunklen, aufgrund des Aromenprofils aber eindeutig den hellen Weizen zuzurechnenden Geschmackswunder. Rudolf, Urgestein der Bierpublizistik, Brauereitechniker und Satiriker des Magazins Titanic, stellte die Liste 2006 als Essenz eines Trinkerlebens zusammen. Im Jahr darauf suchte er den Tod.

Was es noch zu sagen gäbe, dürfte hinlänglich bekannt sein. 70 Prozent Weizenmalz statt der mindestens vorgeschriebenen 50. Offene Gärbottiche. Flaschengärung. Aus Angst, dass weiteres Wachstum die Qualität drücken könnte, kein Interesse, noch größer zu werden.

Adresse Unertl Weißbier, Lerchenberger Straße 6, 83527 Haag, Tel. 08072/8297, www.unertl.de | Bierprofil Weißbier Original, dunkles und leichtes Weizen, Ursud; saisonal: Weizenbock | Öffnungszeiten Brauerei-Shop Mo–Fr 8–17 Uhr, Sa 9–12 Uhr, Braugasthaus, Lerchenberger Straße 2, 83527 Haag, Tel. 08072/2965, www.unertl-braeustueberl.de, Di–Fr 11–14.30 und ab 17 Uhr, Sa, So ab 10 Uhr | Tipp Die weltgrößte Spezialbrauerei für Weizenbiere, die Erdinger Weißbräu, produziert jährlich 1,7 Millionen Hektoliter – und bedient sich dennoch des Wortes Brauhandwerk. Zum Vergleich: Beim Unertl aus Haag sind es 27.000 Hektoliter.

28 Tradition

Exakt, was der Name verspricht

O'zapft is! Kimmts her und saufds euch zam! Wenn die Bayern feiern, füllt sich das Stillleben einer leeren Wiese gemächlich mit einem hallengroßen Zelt. Dann, auf einen Schlag: seitlich und davor ein Großaufgebot aus Jung und Alt, der Körpersprache nach jederzeit bereit, derbe, stets vom anderen Geschlecht eingefädelte Scherze zu parieren. Man muss schon genau hinsehen, um die ein, zwei Miesepeter auszumachen, die sich unters Freiervolk gemischt haben: Abmahnanwälte. Vor allem kleine Brauereien kennen das. Ein Jubiläum steht an, soll groß gefeiert werden. Auch mit einem eigens eingebrauten Bier. Einem Festbier. Das Stichwort ist gefallen. Jetzt kann es teuer werden …

Auf die Frage, was genau ein Festbier ist, antwortet die Ingolstädter Herrnbräu jedes Jahr am 23. April. Mit einem Prachtexemplar, das in allen Details verkörpert, was sein Name verspricht: Tradition. An diesem Datum, an dem 1516 das Reinheitsgebot erlassen wurde und an dem einst das auf die kalten Monate beschränkte Braujahr endete, wird der flüssige Urbayer zum Zapfen freigegeben.

Rechtlich darf sich nur ein Trunk Festbier nennen, der zwischen 13 und 14,5 Grad Stammwürze (die aus dem Malz ausgekochten Inhaltsstoffe) mitbringt. Das entspricht etwa 5,5 bis 6,2 Prozent Alkohol. Lapidar im Vergleich zu früheren Zeiten. In den 1950er Jahren drängte die Politik die Brauer, den damals noch mindestens 15 Grad starken Treibauf zu stutzen. Für leichtere, einem festlichen Anlass gewidmete Sude muss man auf ungeschützte Bezeichnungen wie Jubiläums-Bier ausweichen. Wenn nicht, handelt es sich um Verbrauchertäuschung.

Dass ein Klassiker wie das Ingolstädter Tradition süß wie Honig durch die Kehle rinnt, ist einer Extraportion Malz geschuldet. Weil mehr Malz mehr Alkohol und damit längere Haltbarkeit bedeutet. Letztere musste, da ja ab dem 23. April nicht mehr gebraut werden durfte, bis zum Ende der Festsaison gewährleistet sein.

Adresse Herrnbräu, Manchinger Straße 95, 85053 Ingolstadt, Tel. 0841/6310, www.herrnbraeu.de | **Bierprofil** diverse Helle, Pils, Naturtrübes, zwei Dunkle, helles, dunkles und leichtes Weizen, Kristallweizen, Weizenbock; saisonal: Festbier, Weihnachtsbier | **Öffnungszeiten** Bräustüberl mit Biergarten, Manchinger Straße 95, 85053 Ingolstadt, Tel. 0841/68446, www.sudpfanne-in.de, täglich außer Mo ab 10 Uhr | **Tipp** Seit die Ingolstädter Ingobräu 2007 wegen Investitionsstau aufgeben musste, werden ihre Biere von der Herrnbräu gebraut.

29 Lagerbier Dunkel

Ich zapf mir eine Halbe Kuchenteig

»Am St.-Veit-Tag 1317 hinterließ der Ingolstädter Bürger Rudolf der Rabl ein halbes Pfund Pfennige«, heißt es in den Annalen jener Stadt, in der 1516 das Reinheitsgebot erlassen wurde, »damit zum Heile seiner Seele alljährlich Bier und Öl auf sein Grab zu legen sei.« Wohl bekomm's! Da drüben im Jenseits! Zu Recht sagt man den heute 140.000 durstigen Kehlen der von zwei Großsudhäusern – Nordbräu und Herrnbräu – beherrschten Kleinmetropole nach, dass sie noch einen Tick bierverrückter seien als die übrigen 4,7 Millionen Oberbayern. Der Beweis: Marco Dombek, Braumeister mit Punk-Allüren.

Wir schreiben das Jahr 2004. Noch kennt keiner das Wort Craft, ahnt niemand, dass auch außerhalb Bayerns Menschen leben, die ihre Brautradition für unübertrefflich halten. Noch ist die Welt in Ordnung, und Bierbayern schmort im eigenen Saft. Für eine eigene Brauerei fehlt es Dombek an Geld, aber nicht an Ideen. Die erste, ein Helles, setzt er auf dem Hobby-Sudkessel eines Freundes um. Ein Volltreffer, der das Bestellverhalten der Ingolstädter Kneipengänger revolutioniert. Um der Nachfrage Herr zu werden, mietet er sich tageweise in einer Brauerei in Franken ein. Heute entstehen die Biere seiner Schwalben-Bräu im Riedenburger Brauhaus.

Auch das Dunkle. An dem sich, obwohl ähnlich gewagt, provokativ, ja ungeheuerlich wie Johnny Rottens »God Save the Queen«, der Beitrag der Sex Pistols zum 25. Thronjubiläum von Königin Elizabeth II. 1977, niemand rieb, als es in den Ingolstädter Szenekneipen auftauchte. Erneut lag Liebe auf den ersten Schluck in der Luft. Obwohl es sich diesmal um einen Konvertiten aus der Familie der Porter handelte, einer extrem röstmalzbetonten obergärigen Biersorte, die im 18. Jahrhundert in London als flüssiger Nahrungsersatz entwickelt wurde. Dombek vergärt ihn mit einer für Bayern typischen untergärigen Hefe. Dennoch: ein Bier, so süß, so sämig und so schwer wie Kuchenteig.

Adresse Schwalben-Bräu, Harderstraße 24b, 85049 Ingolstadt, Tel. 0176/62017692 | **Bierprofil** helles Lager, Märzen, Dunkles | **Öffnungszeiten** Zuverlässig präsent sind die Biere im Getränkemarkt Hörl, Unterlettenweg 1a, 85051 Ingolstadt, ausgeschenkt werden sie vor allem in Szenekneipen. | **Tipp** Ihr Weizenbock gilt als das Bier der Ingolstädter Nordbräu, das man unbedingt probiert haben sollte.

30_Eden Pale Ale

Eine ganz schön bittere Erkenntnis

Norwegen, eine stolze Biernation? Diese doch ein wenig befremdlich klingende Behauptung zu untermauern dürfte in Bayern höchstens einer Handvoll Leuten möglich sein. Zwei von ihnen: Kreativgenie Bryan France, den die Liebe zum Bier aus seiner Heimat Nevada nach Ingolstadt geführt hat, und Gemütsbayer Max Senner. Seit 2016 betreiben der Yankee und der Kraut eines der kompromisslosesten deutschen Craft-Beer-Labels. Eine Brauerei haben sie nicht, sondern nutzen die Sudhäuser gleich gesinnter Kollegen. Dafür haben sie aber umso mehr Rezepte, mit denen sie Welten erschließen, in die noch nie zuvor ein bayerischer Gaumen vorgedrungen war.

Von daher konnten sie gar nicht anders, als auch mal eine norwegische Kneik für sich arbeiten zu lassen, eine erst seit Kurzem bekannte Brauhefe, die sich auf den einsamen Selbstversorgerhöfen beiderseits des Jostedal-Gletschers ausgebildet hat. Das Døgn, ein Gemeinschaftssud mit der Hoppebräu (Nummer 48), gaukelt dem Gaumen vor, gar kein Bier, sondern ein Cocktail aus exotischen Früchten zu sein. Wie denn das? Na, dank der Kneik!

»Unser Ziel«, so Max Senner, »ist das intensivst mögliche Craft-Beer.« Erreicht haben sie es bereits im Jahr ihrer Gründung, als sie die biblische Erlösungsphantasie von einem Paradies auf Erden in ein Pale Ale übersetzten. Das Obergärige britischer Art kleidet zuerst einmal den Mundraum fachgerecht mit einem dicken Teppich Bittere aus. Ausgelegt, um zu bleiben. Dann zarte Noten von Honig. Ein Zeichen der Hoffnung. Spitzen Fruchtaromen gelingt es, durch das Bittergewebe zu dringen, es punktuell anzulösen. Und schon sieht man sich gezwungen, sie hinabzuschlucken …

… um sich sogleich – in der trügerischen Annahme, dies würde den Teppich fortspülen – einen neuen Schluck Eden Pale Ale zu gönnen. Ein himmlisch radikales Bier mit einer teuflisch raffinierten Dramaturgie. Generell: Was das Duo so an Schrillem in Dosen abfüllt, ist Braukunst im wahrsten Sinn des Wortes.

Adresse Yankee & Kraut, Donaustraße 3, 85049 Ingolstadt, Tel. 0151/67513464, www.yankeeundkraut.de | **Bierprofil** diverse IPAs und Pale Ales im Wechsel, ständig Sondersude | **Öffnungszeiten** Brewpub Zwølf, Kreuzstraße 6, 85049 Ingolstadt, Di–Fr ab 10 Uhr, Sa, So, Mo geschlossen | **Tipp** In Ingolstadt gibt es auch eine Gasthausbrauerei dort, wo man sie am wenigsten vermutet. Das Brauhaus 1516 hat sich in einer Shoppingmall, dem Westpark Einkaufszentrum, eingenistet.

31 Räuber Kneißl Dunkel

Die Woche fängt ja gut an

Als wolle die Brauerei des gar nicht so kleinen Orts Maisach ein Bekenntnis ablegen, schon immer auf der richtigen Seite gestanden zu haben, sieht sie es als ihre Pflicht, die Gäste ihres Bräustüberls das Fürchten vor der Obrigkeit zu lehren. Highlight ihrer Sammlung, mit der sie die Erinnerung an Bayerns Robin Hood und Volkshelden Nummer eins wachhält: ein Nachbau jener Guillotine, die Mathias Kneißl 1902 ein Stück kürzer machte.

1556 von einem Schankwirt gegründet, der am Bier endlich selbst etwas verdienen wollte, weiß die Sudstätte dank ihrer langen Geschichte, was Armut bedeutet. Von einem wirtschaftlichen Erfolg kann erst seit 1907 die Rede sein. Damals erfuhr der Münchner Joseph Sedlmayr während einer Eisenbahnfahrt, dass man sie günstig erwerben konnte. Auf Höhe Maisach zog er die Notbremse, rannte in den Ort und kaufte sie seinen Mitreisenden vor der Nase weg. Wer etwas werden will in Bayern, der muss die hohe Kunst des Bscheissn beherrschen.

Aber freilich, ohne sich gleich justiziabel zu machen. Wie Mathias Kneißl, dem das fein-rustikale Bauerndunkle der Brauerei Maisach vorzüglich gemundet hätte – und das nicht nur, weil es seit 1984 seinen Namen trägt. Schwarz wie die Tageszeit, zu der er, weil auch die Armen von irgendetwas leben müssen, schon als Teenager bei den Reichen einstieg. Arbeit? Hat ihm ja keiner gegeben. Hat er probiert. Frei von lieblichen Rosinennoten. Von Süße. Wie die Kindheit Kneißls. Schon seine Eltern hatten nichts anderes gelernt, als die Familie mit Hehlerei und Diebstahl durchzubringen. Ja, sogar beinahe bitter. Wie der 4. März 1901, als 150 Polizisten Kneißls Versteck belagerten und ihn, als er sich am nächsten Morgen ergab, fast totschossen. Sechs Bier soll er sich am frühen Morgen des 21. Februar 1902 zu seinem letzten Mahl, einem Schweinsbraten, genehmigt und seinen Henker mit den Worten begrüßt haben: »Die Woche fängt ja gut an.«

Adresse Brauerei Maisach, Hauptstraße 24, 82216 Maisach, Tel. 08141/395570, www.brauerei-maisach.de | Bierprofil Export, Naturtrübes, Pils, Dunkles, helles und dunkles Weizen; saisonal: Festbier, heller Bock | Öffnungszeiten Direktverkauf Mo–Do 9–16 Uhr, Fr 9–12 Uhr; Bräustüberl mit Räuber-Kneißl-Museum, Tel. 08141/94210, www.wirtshaus-maisach.de, täglich ab 10 Uhr | Tipp 2016 übernahm der bayerische Genussmissionar Michael Schweinberger in der Brauerei Maisach die Regie. Parallel hat er in Inning am Ammersee die Alte Brauerei Stegen zu neuem Leben erweckt.

32 Kirtabier

Höchste Eleganz für einen derben Anlass

Immer am dritten Sonntag im Oktober wird auf den Dörfern ein rustikaler Brauch zelebriert, mit dem die geübten Maßkrugstemmer einem neuen Geburtenjahrgang das Recht zugestehen, dass fortan auch für ihn ein ordentlicher Rausch zum Leben dazugehört. Gemeint ist die Kirta, die Kirchweih, das Fest aller Feste. Zwei Hauptakteure garantieren, dass es derb zugeht. Das extra gebraute Kirtabier, das in der Regel um die sechs Prozente hat – eines mehr als ein Alltagstrunk. Und die Kerwaburschen mit ihren Debütanten. Die haben, zarte 16 Jahre alt, eben erst jene juristische Grenze überschritten, ab der man sich vor aller Augen zurichten darf.

Wem diese Tradition zu grobschlächtig ist, dem sei empfohlen, sich mit dem Kirtabier der im Hinterland von Bad Aibling versteckten Schlossbrauerei Maxlrain seinen eigenen Festtag zu machen. Erich Prinz von Lobkowicz lässt für sein mit Preisen überhäuftes Sudhaus ertragsärmere und deshalb von den Feldern verschwundene, geschmacklich aber eindeutig vorteilhafte Gerste anbauen. Das zahlt sich bei einem 5,8 Prozent starken Märzen, bei dem der Malzkörper das Gesamterlebnis prägt, natürlich besonders aus. Auch dieses Kirtabier hat, wie es sich für einen Fest- und Bierzelttrunk altbayerischer Art gehört, eine intensive Süße. Nur ist sie bei ihm genialst in den Hintergrund verbaut. Die Bühne gehört butterzarten Biskuit- und würzigen Blumenwiesen-Aromen.

Zum Glück ist die gute alte Tradition, dass dem am schwersten betrunkenen Kirta-Bursch ein Ehrentitel verliehen wird, mittlerweile doch aus der Mode gekommen. Aber alles stehlen, was nicht angenagelt ist, dürfen und sollen die Jungspunde. Da und dort noch lebendig ist der Brauch, dass einer von ihnen im Bierzelt geschlachtet wird. Man wirft das Bürscherl in einen mit Wasser gefüllten Trog. Er quiekt und spritzt wild um sich, während der Metzger Schweinefüße, -schwänzchen und -näschen in die Menge schleudert. Oh, du mein Bayern! Grad zünftig ist's!

Adresse Schlossbrauerei Maxlrain, Aiblinger Straße 1, 83104 Tuntenhausen-Maxlrain, Tel. 08061/90790, www.maxlrain.de | Bierprofil saisonal werden neben dem Kirtabier ein Festbier und ein Doppelbock gebraut | Öffnungszeiten Der Biergarten des Bräustüberls zählt dank seines alten Baumbestands zu den schönsten der Region, Stachoderweg 2, 83104 Tuntenhausen-Maxlrain, Tel. 08061/ 92422, www.maxlrainer-braeustueberl.de, täglich ab 11 Uhr, Ostern bis Okt. jeden Mi ab 18.30 Uhr Blasmusik | Tipp Gefährlich süffig sind alle Kirtabiere – auch das der kleinen, auch wegen ihres mehrere Wochen bei unter null Grad Celsius gereiften Pils Monte Torro entdeckenswerten Brauerei Stierberg aus Obertaufkirchen (bei Ampfing).

33 Maxl Helles

Mit einer hineingeschnippten Prise Bittere

Wirklich alles lässt sich in Bayern mit Bier erklären. Sogar, dass man sich dort vorübergehend eine gesteigerte Form der Demokratie gegönnt hat. Dank der Biergärten, in denen ja Menschen jedweder Couleur zusammenkommen, hatte man die Gleichheit von Arm und Reich, Verehrt und Verkannt, Deppert und Gescheit lange eingeübt. Als dann am 8. November 1918 Kurt Eisner die Räterevolution von der Leine ließ, floh der abgesetzte König mit Familie in Richtung Chiemsee. Zwei Autos erreichten ihr Ziel. Das dritte – und mit ihm der 13 Jahre junge Erbprinz – blieb unterwegs liegen. Bei einem Dorf, das den Blaublütlern wohlgesonnen war und in dem die Welt bis heute in Ordnung ist: Maxlrain.

Ein Schloss. Eine Brauerei. Zwei Gaststätten mit Biergarten. Ein Golfclub mit einem für jedermann zugänglichen Restaurant. Wer sich in das winzige, in ein hügeliges Nirgendwo getupfte Örtchen aufmacht, sich dort unter uralten Kastanien ein Bier und gleich noch eines schmecken lässt, versteht, warum die Bayern ihren Anarchismus bald satthatten. Es heißt, dass die Frauen ihr gerade erst eingeführtes Wahlrecht nutzten, um ihm am 12. Januar 1919 den Garaus zu machen. Weil Eisners Arbeiter-, Bauern- und Soldatenräte hart mit dem Adel umsprangen, ahnten sie, dass fortan sie das viele Bier würden produzieren müssen, das die Maxlrainer Schlossbrauerei nicht mehr liefern konnte.

Außer dass Maxlrain von einem bayerischen in den Besitz eines böhmischstämmigen Geschlechts wechselte, wirkt dort alles, als hätte es 1918 nie gegeben. Worüber Erich Prinz von Lobkowicz gekonnt hinwegzutrösten weiß. Mit dem Maxl hat sein Braumeister ein Helles komponiert, das die für diesen hippen Bierstil typische Balance aus einem Hauch Malz und einer im Vorbeigehen hineingeschnippten Prise Bittere auf einem Niveau zelebriert, das schwindelig macht. Seit 2008 jedes Jahr zehn bis 15 Goldmedaillen – bei 16 Sorten. Eine Brauerei zum Niederknien!

Adresse Schlossbrauerei Maxlrain, Aiblinger Straße 1, 83104 Tuntenhausen-Maxlrain, Tel. 08061/90790, www.maxlrain.de | Bierprofil ganzjährig gebraut werden zwei Helle, Naturtrübes, zwei Export, Pils, Leichtbier, Dunkles, helles, bernsteindunkles und leichtes Weizen | Öffnungszeiten Bräustüberl siehe vorherige Seite; Schlosswirtschaft, Maxlrainer Freiung 1, 83104 Tuntenhausen-Maxlrain, Tel. 08061/8342, www.schlosswirtschaft-maxlrain.de, Mi–So ab 11 Uhr; Restaurant im Golfclub Maxlrain, Maxlrainer Freiung 14, 83104 Tuntenhausen-Maxlrain, Tel. 08061/9377777, www.freizeit-maxlrain.de, Mi–So ab 11.30 Uhr | Tipp Der Name der 20 Kilometer nördlich in Ebersberg bei Grafing gelegenen Schlossbrauerei Ebersberg führt in die Irre. Sie versorgte ein Kloster, das nach der Übernahme durch den Malteserorden als Schloss bezeichnet wurde, aber nie in Adelsbesitz war.

34_Staffelsee Gold

Problemlösung auf bayerische Art

Als Angela Merkel 2015 die mächtigsten Politiker des Westens auf Schloss Elmau willkommen hieß, stand außer Frage: Er soll in die Kunst eingeführt werden, die globalen Probleme auf bayerische Art zu lösen. Weißwurstfrühstück für Barack Obama! Ein Foto ging um die Welt: der US-Präsident beim Biertrinken. Auf seinem Glas ein Rätsel. Das Logo einer Brauerei, die man am Ort des Geschehens gar nicht kannte, denn sie ist in Murnau am Staffelsee daheim – und damit außerhalb des 25-Kilometer-Radius, auf den Sudstätten dieser Größe ihren Vertrieb beschränken.

Staffelsee Gold heißt der nach Obama zweitbeste Werbebotschafter eines Familienbetriebs, der schon immer die Fremden umschmeichelt hat. 1899 gegründet, spezialisierte man sich zunächst auf das, was bei den Sommerfrischlern in aller Munde, bei den Einheimischen hingegen aus der Mode gekommen war: Weißbier. Und scheiterte. Als die Familie Karg das Sudstättlein 1912 kaufte, setzte sie deshalb Untergäriges wie Märzen auf den Brauplan. Als in den 1970er Jahren der Massentourismus und mit ihm eine neue Weißbierwelle über Bayern schwappte, hieß es: Kommando zurück! 1980 war man wieder eine reine Weißbierbrauerei.

Für die orange schimmernde, schwer trübe Edelsorte Staffelsee Gold verlässt sich die Brauerei Karg nicht darauf, dass eine Weißbierhefe allein genügend Gewürz- und Obstaromen produziert. Weil man mit einer Extragabe teuren Hopfens nachhilft, fällt sie im Abgang einen Tick bitterer, im Gesamten fülliger aus. Ohne dass eine bestimmte Fruchtsorte herausstechen würde. Verschwendung, hätten die Altvorderen gegrantelt.

Barack Obama haben sie übrigens nicht die in Bier übersetzte, spätsommerlich überbordende Auslage eines Fruchtgeschäfts eingeschenkt, sondern ein Alkoholfreies. Der Arme! Und die Brauerei Karg ist ein weiteres Mal von ihrer Spezialisierung abgerückt, wirbt neuerdings auch für ein untergäriges Helles.

Adresse Brauerei Karg, Untermarkt 27, 82418 Murnau am Staffelsee, Tel. 08841/1268, www.karg-weissbier.de | **Bierprofil** Helles, helles, dunkles und leichtes Weizen, Staffelsee Gold, Weizenbock; saisonal: India Pale Ale | **Öffnungszeiten** Direktverkauf Mo–Do 7–12.30 und 14–16 Uhr, Fr 7–12.30 Uhr; Bräustüberl, Tel. 08841/8272, www.karg-murnau.de, Mi–So 10–14 Uhr und ab 18 Uhr | **Tipp** In Murnaus zweiter Brauerei, der 2000 eröffneten Griesbräu, können die Gäste den exzellenten Bieren bei ihrer Entstehung zusehen. Eigentlich ein Hotel-Restaurant, befindet sich der Sudkessel im Gastraum.

35 Märzen

Mit Muskelkraft zum Wohlgeschmack

Es lässt sich nicht genau sagen, wie weit man auf dem Spazierweg von der Kasse des Freilichtmuseums, das Skisport-Legende Markus Wasmeier 2007 in die Ausflugslandschaft Schliersee einpasste, in die Vergangenheit zurückgeht, bis man endlich die Nachbildung eines alten Bauerndorfs erreicht. Mittelpunkt der aus 22 versetzten Gebäuden bestehenden Siedlung: ein stattliches Gehöft von 1732. Es dient als Wirtshaus. Inklusive Brauerei. Deren Interieur könnte auch aus dem Mittelalter stammen. Oder aus den 1960er Jahren, als man die letzten aus Holz gefertigten Sudkessel ausrangierte. Auf dem Land entwickelte sich die Brautechnik über die Jahrhunderte kaum weiter.

Es ist ein grandioses Schauspiel, wenn sich Museumsbraumeister Olaf Krüger – gern gemeinsam mit Gästen – daranmacht, Nachschub für die Dorfwirtschaft zu produzieren. Immer wieder muss von Hand aus einem kleinen Metall- in einen großen Holzbottich umgeschöpft werden. Eine u-förmige hölzerne »Leitung« überbrückt die Distanz. Dampfwolken rauben die Sicht. Was Krüger da macht, erklärt ganz beiläufig auch, was die Fernsehwerbung meint, wenn sie vom Dreimaischverfahren spricht. Weil man sich nur einen Holzbottich leisten, darunter aber kein Feuer machen konnte, stellte man ihm einen kleinen Ofen zur Seite. Auf ihm brachte man einen Teil der Würze zum Kochen. Zurückgeschöpft, stieg die Temperatur des großen Ganzen. Schnelles Hin- und Herschöpfen – und auch im großen Bottich wird es siedend heiß. Beim Dreimaischverfahren wird die Prozedur dreimal wiederholt – beziehungsweise in einem modernen Sudhaus dreimal simuliert.

Trotz musealer Technik kann Olaf Krüger unterschiedliche Rezepte (und damit Sorten) exakt umsetzen. Darunter das regionale Festtagsbier von anno dazumal, ein Märzen. Es wirkt doppelt süß, da es viel Karamellmalz, aber nur wenig Hopfen abbekommt – man braute halt mit dem, was die Region zu bieten hatte.

Adresse Markus Wasmeier Freilichtmuseum, Brunnbichl 5, 83727 Schliersee / Neuhaus, Tel. 08026/929220, www.wasmeier.de | **Bierprofil** Märzen, Helles, Rotbier, Bock, unregelmäßig Sondersude und im Holzfass gereifte Editionen | **Öffnungszeiten** Saison von Ende April bis Anfang Nov., Museumsdorf mit Wirtshaus Di–So und Feiertage 10–17 Uhr | **Tipp** Auch das Freilichtmuseum Glentleiten (bei Murnau) braut sein eigenes Bier. Allerdings auf einer topmodernen Schau-Sudanlage.

36_Hell

Boxkampf ohne Altbayern

Man kann nur hoffen, dass der Schaden reparabel ist, den die der Plörre aus der Fernsehwerbung zugeneigte ältere Generation in der bayerischen Bierlandschaft hinterlassen hat. Aus Sicht des Marketings liegt die Hoffnung auf den Schultern ihrer Kinder: 16 bis 26 Jahre jung und allzeit zum Feiern bereit. Und tatsächlich: Es funktioniert! Weil seit ein, zwei Jahren eine der kleinen, feinen, konzernunabhängigen Brauereien nach der nächsten die Etiketten ihres kultverdächtigen Blonden im trendigen Retro-Look zurückbaut, greift man als braves Dirndl und netter Bua tatsächlich wieder gern zum Regionalen.

Pfaffenhofen, beschauliches Provinznest auf halbem Weg zwischen München und Ingolstadt. Im 18. Jahrhundert drängten sich in seiner recht übersichtlichen Altstadt 13 Sudstätten. Geblieben ist eine einzige. Die Müllerbräu, das ist zugleich eines der letzten Sudhäuser Bayerns, die der Verlockung widerstanden haben, ihr Tafelsilber für schicke City-Büros zu opfern. Als ihr Stammhaus im 19. Jahrhundert zu klein wurde, zog sie nur einen Steinwurf weiter. Auf ein üppiges Areal, das durch den Abbruch der Stadtmauer frei geworden war. Wo sie noch immer sitzt und mit einer Biererlebniswelt, die 2022 eröffnet werden soll, dem hübschen Zentrum des Kreisstädtchens neues Leben einhauchen wird. So lange will man die unter 25-Jährigen aber natürlich nicht warten lassen.

Über die Region hinaus verehrt wird die Müllerbräu für ein ausgefuchstes Helles, bei dem sich Hopfen und Malz im Mund einen Boxkampf liefern. Im Fliegengewicht. Aber mit einer Lust am Draufhauen, mit Energie und Durchhaltekraft, wie man sie selten erlebt. Oberbayerisch eben. Wer sich fragt, warum das Altbayerisch Hell aber nicht mehr in den Getränkeläden steht: Textbotschaften, die aus mehr als einem Wort bestehen, kommen bei den Jungen nicht gut an. Man strich den Namen deshalb 2020 auf das Allernötigste zusammen: Hell.

Adresse Müllerbräu, Hauptplatz 36, 85276 Pfaffenhofen, Tel. 08441/78550, www.muellerbraeu.com | **Bierprofil** Helles, Export, zwei Pils, Leichtbier, Dunkles, helles, dunkles und leichtes Weizen; saisonal: Festbier, Winterbier, Doppelbock; Craft-Edition (kaltgehopft): Pils, Pale Ale, Red Ale, Bock | **Öffnungszeiten** Rampenverkauf, Kellerstraße 25, 85276 Pfaffenhofen, Mo–Do 7–12 und 13–17 Uhr, Fr 7–12 Uhr; Brauereigasthof, Hauptplatz 2, 85276 Pfaffenhofen, Tel. 08441/493710, Di–Fr 11–14 Uhr und ab 17 Uhr, Sa, So ab 10 Uhr | **Tipp** Bei Allerweltsnamen besteht natürlich Verwechslungsgefahr: In Neuötting gibt es auch eine Müllerbräu.

37__Vomantino-Edition

Vo mir aus na tring i no oans

Dass ein Apfelkuchen mit Elstar vorzüglich, mit Granny Smith aber grausam schmeckt, weiß jedes Kind. Hm, ja … eigentlich logisch, dass das beim Gewürz des Bieres nicht viel anders ist. Über 100 Sorten hält BarthHaas, der weltgrößte Hopfenhändler aus Nürnberg, permanent auf Lager. Jede mit anderen Eigenschaften. Von insgesamt 280, die offiziell zugelassen sind. Tendenz steigend. Auch dank der Forschung der auch für das Brauwesen zuständigen Technischen Universität München.

Ortswechsel. Pfaffenhofen an der Ilm. Mitte der 2010er Jahre. Hartmut Sulzberger, der dort ein Fachgeschäft für ausgesucht gute Biere betreibt, geht die Verwirklichung eines Traums an. Er will seine Kunden mit einem Hausbier verwöhnen, bei dem das Wort unverwechselbar hält, was es verspricht. Sulzberger wendet sich an einen Bekannten. Das Unvorstellbare tritt ein. Er, die TU München und der Braumeister der Forschungsbrauerei Weihenstephan tüfteln ein Grundbier aus, das sich der Getränkehändler künftig ganz nach Bedarf produzieren lassen kann. Der Clou: Es wird jedes Mal mit einer anderen neu zugelassenen Hopfenzüchtung umgesetzt. In der Regel ist das Vomantino sogar das Braudebüt für den jeweiligen Nachwuchshopfen. Deshalb weiß auch keiner der Beteiligten ganz genau, was am Ende geschmacklich herauskommt. Pi mal Daumen einmal im Jahr ruft Sulzberger seit 2017 einen Sud – 80 Kästen – ab.

Was Hobby- und Profibrauer brennend interessieren wird: Jeder Sud wird mit der Sorte Perle grundgehopft. Die neue Züchtung wird im Whirlpool zugegeben, damit sie sowohl Bitter- als auch Aromastoffe einträgt. Das halbdunkle, mit einer Ale-Hefe vergorene Grundbier verhält sich gegenüber dem Hopfen wie eine Hängematte, kann wuchtige Aromen abfedern und zarte Noten hervorheben. Ottonormalbiertrinker: Vorsicht! Tango, der Hopfen der Folge fünf, produziert dominante Erdbeernoten. Nur mal so als Beispiel …

Adresse Sulzberger Bierhaus, Hohenwarter Straße 95, 85276 Pfaffenhofen, Tel. 08441/277889, www.craftbier-sulzberger-getraenke.de | **Bierprofil** jedes Jahr ein neuer Sud, unregelmäßige Neuauflagen der vorherigen Sude | **Öffnungszeiten** Mi–Sa 9–18 Uhr | **Tipp** BarthHaas braut Versuchsbiere, die gelegentlich auf Messen und bei Craft-Beer-Festivals ausgeschenkt werden.

38_Josefi Bock

Na, wenn's der Gläubige verträgt!

Noch ist jederzeit mit einer Rückkehr der weißen Pracht zu rechnen. Ohne Handschuhe nach draußen gehen: echt nicht! Aber ohne nach Hause zurückkommen: sehr wahrscheinlich. Am 19. März. In Rosenheim – Stadt und Land. Obwohl an diesem Tag wirklich alle unterwegs sind, ist spätestens ab 21 Uhr niemand mehr auf den Beinen. Morgen wird kein Arbeitgeber von seinen Leuten einen klaren Kopf verlangen. Man hat ihn wieder hinter sich gebracht: den Anstich des legendären, wuchtigen Winterwärmers, den die Brauerei Flötzinger für diesen ersten Tag aller Tage im katholischen Jahreskreis gebraut hat.

Rückblende. Prag, 19. März 1620. Ein Mönch präsentiert einem deutsch-bayerischen Heer ein Gemälde, auf dem die Reformierten Maria und Josef die Augen ausgestochen haben. Wie durch ein Wunder wird man ihre Truppen in der ersten großen Schlacht des Dreißigjährigen Kriegs niederringen. Nie soll der Sieg am Weißen Berg vergessen sein! Weshalb ab 1729 die Fastenzeit am Patronatstag des heiligen Josef ausgesetzt wird. Stattdessen fließt das Starkbier in Strömen. Beim ersten großen Markttreiben des Jahres, bei dem Hütebuben und andere Hungerleider als Saisonkräfte feilgeboten und noch nicht versprochene Dirndl und Buam mit farbigen Schleifchen markiert werden, damit sich ihre alten Herren nach einem potenziellen Heiratskandidaten umsehen können.

Vier Maß des 7,5 Prozent starken Josefi Bocks muss man schon vertragen, um sich beim Starkbieranstich nicht zu blamieren. Schon deshalb ist der echte Bierfreund gut beraten, das Meisterstück der 1543 gegründeten Rosenheimer Privatbrauerei Flötzinger daheim und in bewusst kleinen Einheiten zu genießen. Dieses an Harmonie und Strahlkraft unübertroffene Gefüge barock aufgetragener Noten von Dörrobst, süßen Rosinen, geröstetem Brot und einer Tasse frisch aufgebrühten Mokkas! Zu Recht vielfach preisgekrönt. Bayerische Braukunst in höchster Vollendung.

Adresse Flötzinger Brauerei Franz Steegmüller, Herzog-Heinrich-Straße 7, 83022 Rosenheim, Tel. 08031/36630, www.floetzinger.de | **Bierprofil** Helles, Naturtrübes, »Trachtler-Hoibe«, Export, Leichtbier, Pils, Märzen, Dunkles, diverse Weizen; saisonal: Josefi Bock, Maibock, Oktoberfest-Bier (für das Rosenheimer Oktoberfest), Weihnachtsbier, Weihnachtsbock | **Öffnungszeiten** Bräustüberl, Samerstraße 17, 83022 Rosenheim, Tel. 08031/2326600, www.floetzinger-braeustuebert.de, Mi–Fr ab 17 Uhr, Sa, So Feiertage ab 11 Uhr, Mo, Di Ruhetag | **Tipp** Rosenheims zweite Brauerei, die Auerbräu, gehört zum Münchner Paulaner-Konzern.

39__Frühlingsrauschen

Verdammt leicht zu verwechseln

Bis auf den letzten Tropfen leer getrunken zu werden ist in Wirklichkeit nicht das größte Lob, sondern das Schlimmste, was einer Brauerei widerfahren kann. »Wir waren so stolz«, so Pater Lukas, Cellerar (wirtschaftlicher Leiter) des Benediktinerklosters Scheyern, das nach dem Ansturm von 5.000 Durstigen, die sich am 21. März 2006 aufgemacht hatten, um die Wiedereröffnung einer der ältesten Brauereien Bayerns zu feiern, noch etliche Liter übrig hatte. »Aber am Wochenende darauf, da hatten sie es dann geschafft, und es gab wirklich kein Bier mehr.«

Die Unsicherheit, ob der Neustart der verwaisten Sudstätte tragfähig wäre, hatte ihre Gründe. In den 1950er Jahren hatten sie die Mönche mitsamt der Namensrechte an die Hasen-Bräu verpachtet, die die Produktion der Marke Scheyern später zu sich nach Augsburg verlegte. Mitte der 1990er Jahre wurde der umstrittene Hans Inselkammer Mehrheitsaktionär der Hasen-Bräu und gliederte sie in die Nürnberger Tucher-Gruppe ein, die er 2004 mitsamt der Marke Scheyern an den Oetker-Konzern veräußerte. Von den einen als Retter betrachtet, behaupten nicht wenige, dass es dem Geschäftsmann nur ums schnelle Geld sowie die Brauereigrundstücke ging und es ihm egal war, den Ruf von Tucher, der Hasen-Bräu und damit auch den Namen Scheyern nachhaltig zu ruinieren.

Ein echtes Scheyern erkennt man daran, dass es ausschließlich im Umkreis von 25 Kilometern vertrieben wird und immer kurz vor dem Verfallsdatum steht, denn es ist naturbelassen und höchstens vier Monate haltbar. Himmelweit wird der Unterschied, wenn die Mönche und ihr Braumeister die direkte Nähe des Klosters zu den Hopfenbauern der Hallertau ausspielen. Zum Beispiel mit einem saisonalen Ale namens Frühlingsrauschen, das mit Dolden der Sorte Polaris und dadurch scheinbar mit Minze aromatisiert ist. Quasi ein Menthol-Bier. Schon recht eigenwillig. Vor allem aber schmeckt's halt genial!

Adresse Klosterbrauerei Scheyern, Schyrenplatz 1, 85298 Scheyern, Tel. 08441/7520, www.klosterbrauerei-scheyern.de | **Bierprofil** Helles, Naturtrübes, Dunkles, Weizen, Pils; saisonal unter anderem: Frühlings- und Sommer-Ale, Grünhopfen-Pils, heller Bock, dunkler Doppelbock, Weizenbock | **Öffnungszeiten** Direktverkauf Di–Fr 7.30–12 und 13–17 Uhr, Sa 7.30–12 Uhr; Klosterschenke mit Biergarten, Tel. 08441/27890, www.klosterschenke-scheyern.de, täglich ab 10 Uhr | **Tipp** Die Klosterbrauerei Scheyern hat keine eigene Abfüllanlage. Ihr Bier in Flaschen zu portionieren übernimmt die Brauerei Kühbach (bei Aichach), die eine absolute Rarität im Programm hat: einen roten Doppelbock.

40 Saphir Bock

Stark ist schwer was

Bauernschläue nennt sich die Kunst, Vater Staat und Mutter Kirche so zu bescheißen, dass sie dir zu deiner Beute noch etwas draufpacken. Aus freien Stücken. Niemand beherrscht sie so perfekt wie die Oberbayern. Beispiel: Anton Köllerer, Inhaber eines dank seiner Lage an der Handelsstraße München–Salzburg gut besuchten Wirtshauses mit Brauerei. Ab 1853 konnte bei ihm auch sonntags der Sudkessel befeuert werden. Die Ausrede seiner Knechte und Mägde, ins nächste Pfarrdorf laufen zu müssen, um ihre Christenpflicht zu erfüllen, zog jetzt nicht mehr. Köllerer hatte sich sein eigenes Gotteshaus gebaut. In dem, weil der Geistliche stets einen großen Durst mitbrachte, die Messe nach 15 Minuten zu Ende gelesen war. Amen!

Der Herrgott muss an solchen Hinterfotzigkeiten einen Narren gefressen haben. Denn mit kaum einer Landbrauerei hat er es seither ähnlich gut gemeint. Im Schatten der Kirche der Sieben Schmerzen Mariä kocht, vergärt und reift der Familienbetrieb heute jährlich 100.000 Hektoliter. Zum Vergleich: Das Gros der letzten Dorfbrauereien bringt es auf gerade mal ein Zehntel. Aber es gibt halt auch nur einen Eric Toft.

Zwei Jahre lang habe er nichts angetastet, so der gebürtige Amerikaner, der in den 1980er Jahren die US-Homebrewing-Szene mit aus der Taufe hob und nach dem Studium in Weihenstephan und einer Odyssee durch halb Biereuropa 1998 in Schönram seine Bestimmung fand. Erst dann habe er verstanden, wie er den Bieren jenen einen, kleinen, aber entscheidenden Kick verpassen konnte. 2006 dann die erste von etlichen Neukreationen. Damit der deutsche Hopfenpflanzerverband den Teilnehmern der Craft Brewers Conference in Denver seine neue Sorte Saphir schmackhaft machen konnte, braute er mit ihr einen Bock. Beide gelten seither als Must-have. Weltweit. Sowohl das Bier mit seiner hochfeinen Aromatik, die an Schwarztee und Zitronengras erinnert, als auch die Neuzüchtung.

Adresse Private Landbrauerei Schönram, Salzburger Straße 17, 83367 Petting-Schönram, Tel. 08686/98800, www.schoenramer.de | Bierprofil Helles, Export, Pils, Leichtbier, Dunkles, helles Weizen; saisonal/unregelmäßig: Grünhopfenbier, Saphir Bock, Pale Ale, Imperial Stout, Naturtrübes, India Pale Ale, Weihnachtsbier, Weizenbock | Öffnungszeiten Bräustüberl, Tel. 08686/271, www.braeustueberl-schoenram.de, täglich (im Winter außer Di) ab 9 Uhr | Tipp Im nahen Teisendorf wartet die Privatbrauerei M.C. Wieninger mit ausgefeilten flüssigen Argumenten darauf, entdeckt zu werden.

41__s' Mandal und da Babba

Drei bayerisch-österreichische Spezln

Wer sich zu den letzten Exemplaren zählt, die ein Auto ohne Navi fahren, und auch kein Smartphone mit entsprechender App in der Hosentasche stecken hat, hat leider Pech gehabt. Denn selbst die Einheimischen können nicht sagen, in welcher Richtung denn bitte Schregl liegt, einer von 38 Ortsteilen, aus denen sich das gerade einmal 1.212 Einwohner kleine Feichten an der Alz zusammenpuzzelt. Die einzige Möglichkeit, den von der internationalen Bier-Freak-Community zum Sehnsuchtsort stilisierten Heimathafen der Hopfenkopf Bräu doch zu finden: an einem Montag, Donnerstag oder Freitag ab 17.30 Uhr so lange irgendeinem Wagen hinterherfahren, bis man einen mit Lotsenfunktion erwischt. An diesen drei Terminen laden Christian Krumbachner, Robert Wurm und Hans-Peter Gaßner auf den auf einen Hügel platzierten Dreiseithof ein, in dem sie sich ein Verkaufsstüberl eingerichtet haben.

2017 entschieden sich die drei Hobbybrauer, ihre Leidenschaft zum Beruf zu machen. Wie es sich für ihre Region gehört, dem vergessenen Hinterland zwischen Altötting, dem Chiemsee und Österreich, sorgten sie zuerst mit einem Weißbier für Furore. Schon nach drei Tagen war »s' Mandal« ausverkauft. Es folgte ein Helles, »da Babba«. Kennzeichen ihrer Klassiker: Sie schöpfen das Potenzial der Zutaten voll aus, anstatt, wie bei Kastenbrauereien üblich, nur einen Teil des Charakters zu extrahieren, die die Natur dem Malz und vor allem dem Hopfen geschenkt hat.

2019 dann der Adelsschlag. Mit dem Österreicher Martin Seidl wuchs die Hopfenkopf Bräu zum Quartett. Die Lichtgestalt und Leitfigur der internationalen Gourmetbier-Community gelangte durch ein Stout zu Berühmtheit, das mit selbst angebauter, unvermälzter, von Hand gerösteter Gerste und durch einen sechsmonatigen Ausbau in einem mit Rum vorbelegten Holzfass veredelt wird. Künftig wird die legendäre, komplexe, tiefgründige Schwarze Tinte in der Stille des Einödhofs geboren.

Adresse Hopfenkopf Bräu, Schregl 1, 84550 Feichten a. d. Alz-Schregl, Tel. 0162/5866073, www.hopfenkopf.de | Bierprofil Helles, helles Weizen, Schwarze Tinte, Saure Tinte; saisonal: heller Bock, Sondersude | Öffnungszeiten Direktverkauf Mo, Do, Fr 17.30–19 Uhr | Tipp Im nahen Tüßling verwöhnt der Bräu im Moos den Gaumen mit bayerischen Traditionsbieren vom Feinsten.

42 Von Hell bis Ale

So gehet ein in Bayerns Genussparadies

In Zeiten, in denen man, ohne das Sofa zu verlassen, via App durch die Straßen Londons oder das New Yorker Museum of Modern Art spazieren kann, braucht es schon ein radikal gutes Gutsel, um Bayerns Städter bis in den Chiemgau zu locken. Umso verstörender, dass die Bürokratie der 2008 von Markus Lohner gegründeten Camba Bavaria Steine in den Weg legte, als sie sich anschickte, eine Biererlebniswelt in das Industriegebiet des Dörfchens Seeon zu setzen. Fast hätte deshalb Österreich das Genussparadies bekommen. Der Besucher wandelt an Sudkesseln vorbei, stapft durch das Reifelager und probiert sich anschließend an einer langen Theke durch eine Sortenvielfalt der Extraklasse.

Camba Bavaria, das war zunächst der Wunsch des gelernten Brauers Markus Lohner nach einer eigenen Konstruktionsfirma für Brauanlagen. Um potenziellen Käufern die Vorzüge seines Sudhausinterieurs schmackhaft zu machen, richtete er eine Demonstrationsbrauerei ein. Bald zeigte sich, dass sich die Biere noch besser verkaufen ließen als die Hardware. Allerdings waren Konflikte mit dem Reinheitsgebot vorprogrammiert. Denn man kann internationalen Kunden natürlich nur mit internationalen Sorten beweisen, dass eine Anlage für ebensolche geeignet ist. 2014 sah sich die Lebensmittelaufsicht gezwungen einzugreifen. Lohner hatte ein irisches Milk Stout abfüllen lassen, eine Sorte, die nicht mit Hefe, sondern mit Milchsäure vergoren wird. Andererseits: Der Aufschrei der Presse über die Vernichtung der Bestände dürfte viel dazu beigetragen haben, dass die Erlebnisbrauerei finanziell auf die Beine kam.

Wie versprochen steht die gläserne Welt der Camba Bavaria »für die beste Kombination aus heimatlichen Werten und innovativen Ideen«. Der Papa bekommt sein Helles. Die Mama ihr Weizen. Der Hipster unserer kleinen Ausflugsgruppe sein Dry Hop Brown Ale. Nächste Runde. Alle drei werden bei den anderen probieren. Und »Wow!« sagen. Garantiert!

Adresse Camba Bavaria, Gewerbering 3, 83370 Seeon, Tel. 08624/4073300, www.camba-bavaria.de | **Bierprofil** Helles, Märzen, Dunkles, diverse Weizen, diverse Ales und Craft-Biere, diverse in vorbelegten Holzfässern ausgebaute Starkbiere, ständig wechselnde Sondersude | **Öffnungszeiten** Direktverkauf und hauseigene Bäckerei Mo–Fr 8–17 Uhr, Sa 8–14 Uhr, Erlebnisbrauerei: Ausschank und angeleitete Selbstbesichtigung bis 19 Uhr | **Tipp** Wenn man schon im Chiemgau unterwegs ist, lohnt es sich, in Grabenstätt vorbeizuschauen – beim kleinen, feinen Chiemseebräu.

43 Schalchner Weisse hell

Das Prickeln von Champagner

Sie rennen schnell, springen ziemlich weit. Aber kein Zehnkämpfer wird je in einer seiner Disziplinen einen Weltrekord aufstellen. Überträgt man diese Einsicht auf die Kunst des Biersiedens, erklärt sich von selbst, weshalb die Weissbräu Schwendl bei internationalen Qualitätswettbewerben mit Medaillen überschüttet wird.

Weil Geiz Freunde bringt, beschlossen Therese und Michael Schwendl 1935, sich ihr Bier fortan selbst zu brauen. In ihrem Waschkessel. Ein Weizen. Denn diese Sorte kann bei Zimmertemperatur vergoren werden. Das Ergebnis schmeckte auch den Nachbarn derart gut, dass die Schwendls bald ein Sud- und ein Gasthaus bauten. Schließlich sollte ja nicht auf ewig das ganze Dorf in ihrer Wohnstube herumsitzen.

Auch wenn man 2017 mit dem zunächst nur für Vereine gedachten Hellen das Sortiment um ein Untergäriges erweiterte, will Urenkel Anton Schwendl auf jeden Fall an der Spezialisierung auf Weißbiere festhalten. Bitte unbedingt, meint der Gaumen nach einem Glas der hellen Schalchner Weisse. Beim vielfach preisgekrönten Weissen Bock, einer komplexen, karamellig süßen, im Abgang schroff bitteren, aus ineinander verdrehten Aromensträngen gewobenen, gefährlich süffigen Einstiegsdroge in höhere Genusssphären, genügt sogar ein kleiner Schluck.

Kenner wissen, dass die Winkelzüge, mit denen die Weissbräu Schwendl ihren Kreationen einen unvergleichbaren, exquisiten Charakter verleiht, nur von einem Spezialisten gestemmt werden können. Da ist zum einen, dass die Gärung in offenen Behältnissen abläuft. Nur so können störende Abbaustoffe, die sich nach oben absetzen, optimal abgeschöpft werden. Extrem aufwendig ist die Flaschengärung – beim Abfüllen wird geimpfte Würze beigemischt, damit die Hefe ein zweites Mal ins Arbeiten kommt. Daher also dieses Prickeln, das bei den Weizen aus dem Tachertinger Ortsteil Schalchen so fein wie bei Champagner ist.

Adresse Weissbräu Schwendl, Schalchener Straße 115, Tel. 08621/2300, 83342 Tacherting, www.weissbraeu-schwendl.de | **Bierprofil** drei verschiedene helle, ein dunkles, ein leichtes Weizen, Roggenweizen, 5-Korn-Weizen, Weizenbock, Helles | **Öffnungszeiten** Brauereigasthof, Trostberger Straße 130, 83342 Tacherting, Mi–Fr ab 14 Uhr, So 10–14 Uhr | **Tipp** Fährt man von Tacherting in Richtung Altötting, erreicht man nach wenigen Minuten Engelsberg beziehungsweise dessen Ortsteil Wiesmühl mit seinen zwei Brauereien: Wieser mit und Stallbauer, erst 2017 gegründet, ohne Braugasthaus.

44 Tegernseer Hell

Mit klösterlichem Schweigegelübde

Ein Mäuschen möchte man sein, sich durch den engsten Türspalt zwängen können, um endlich Einblick in jenes Brauhaus zu bekommen, das sich mit derselben Vehemenz vor seinen Fans verschanzt, mit der sich Ludwig II. einst in seine Märchenwelt zurückzog. Keine Website. Kein Image-Video. Noch nicht einmal Google findet Bilder, die Aufschluss geben könnten, wie Bayerns königliche Familie außer Dienst im Bauch eines ihrer Schlösser, zu dem sie sich das Kloster Tegernsee ab 1817 hat umbauen lassen, Wasser, Malz, Hefe und Hopfen zu einem kecken Süppchen verbraut.

Sommer. Sonntag. Früher Nachmittag. Gefühlt halb München drängt sich auf der Terrasse des weltberühmten Tegernseer Bräustüberls und wünscht, dass ihm eine Portion Bier der alten Maßgröße Eimer – »A Maß, bitte!« – ausgehändigt wird. Warum die Bayern an dieser Übergröße festhalten? Wenn der Ober den Krug heranwuchtet, duftet es herrlich. Nach frisch gepflückter Stachelbeere und Zitruszesten. Wer beim Bestellen nicht explizit eine andere Sorte aufruft, bekommt ein Tegernseer Hell. Prost! Die Zunge freut sich über Noten von Gras, erschmeckt eine Almwiese. Ui, jetzt rinnt's! Mit einer Geschwindigkeit, als würde sich die von den Lippen kanalisierte Flüssigkeit aktiv auf einen nur für sie angelegten Weg begeben. Heim in den Magen. Ein wunderbarer Trunk! Leicht, elegant, erfrischend. 15 Minuten lang. Denn dann schmeckt jede Maß schal und abgestanden.

Gern wären an dieser Stelle jene Winkelzüge ausgeplaudert worden, die erklären, wie der Braumeister diesem Traum von einem Hellen zu seinem unverwechselbaren, schlaksigen und zugleich perfekt durchtrainierten Charakter verhilft. Aromahopfen: klar. Gerüchte wissen von Holzfassreifung. Und weiter? An zwei Tagen im Jahr, so heißt es, werden jeweils bis zu 20 Personen im Rahmen einer Führung zum Heiligen Gral vorgelassen. Alle Auserwählten seien hiermit aufgerufen: So berichtet …!

Adresse Herzoglich Bayerisches Brauhaus Tegernsee, Schlossplatz 1, 83684 Tegernsee, Tel. 08022/18020 | Bierprofil Helles, Export, Pils, Leichtbier, Dunkles; saisonal: zwei Bockbiere | Öffnungszeiten Zwei Brauereiführungen im Rahmen der Tegernseer Woche (Ende Sept./Anfang Okt.); Bräustüberl im Tegernseer Kloster mit Shop, Tel. 08022/4141, täglich ab 10 Uhr | Tipp Auch wenn gern anderes behauptet wird: Bis 1675 bezog das Kloster Tegernsee sein Bier aus dem nahen Holzkirchen. Ebendort gründete der Pfarrer Alois Daisenberger 1925 eine Genossenschaftsbrauerei, die noch heute existiert.

45_Helles Hefeweizen

Ein Franke in bayerischen Landen

Bürokratisch betrachtet besteht kein Zweifel: oberboarisch! Aber das Gefühl sagt etwas anderes. Und tatsächlich wollen sich etliche Lokalpatrioten auch heute noch nicht damit abfinden, dass der beschauliche Marktfleck Titting 1972 endgültig von Franken abgetrennt wurde. Und mit ihm eine Brauerei, die Bayerns Nordlichtern das Weißbier zu lieben gelehrt hat. Ein Jahr vor dem Ersten Weltkrieg erstmals eingebraut, ließ es Gutmann zu einer Legende aufsteigen.

Die ehemals fürstbischöfliche, am 31. Juli 1855 von einem fränkischen Geschäftsmann namens Michael Gutmann für lächerliche 49.000 Gulden ersteigerte, in einem hübschen Wasserschloss residierende Sudstätte ist sogar der Grund, weshalb in Franken viele kleine Brauereien kein eigenes Weißbier maischen. Solange die Wirte ihren Lagern stets das Gutmann zur Seite stellen, wollen sie auch nicht damit anfangen. Aus Angst, ihre altbewährte untergärige Hefe könnte sich an der obergärigen infizieren, die sie dann zusätzlich benötigten. Verderben würden alle ihre Sude!

Dementsprechend definiert das Gutmann Hefeweizen, wie sich der Franke das Ideal dieses Bierstils vorstellt. Aus dem typischen Aromendreiklang aus Aprikose, überreifer Banane und Nelke tritt die gelbe Schlauchfrucht weit in den Hintergrund. Gut säuerlich. Nachgerade quietschig. Dass er auch die schrille Richtung mag, hätte man dem phlegmatischen Volksstamm da oben gar nicht zugetraut! Fast könnte man von einem erquickend fruchtig-frischen Fitness-Trunk sprechen, würde sich nicht auch die Hefe behäbig im Mundraum festsetzen.

Gutmann hat übrigens nie aufgehört, auch untergärige Sorten zu brauen. Das Helle und das Märzen, die die Brauerei wegen ihres Weißbier-Images gern verschweigt, werden allerdings nur in den hauseigenen Wirtschaften in Titting und Eichstädt (beide ehedem fränkisch), im fränkischen Hilpoltstein und in der Frankenmetropole Nürnberg ausgeschenkt.

Adresse Brauerei Gutmann, Am Kreuzberg 1, 85135 Titting, Tel. 08423/99660, www.brauerei-gutmann.de | **Bierprofil** helles, dunkles und leichtes Weizen, Helles, Märzen; saisonal: heller und dunkler Weizenbock | **Öffnungszeiten** Bräustüberl, Am Kreuzberg 4, 85135 Titting, Tel. 08423/985650, Mo, Do–Sa ab 15 Uhr, So ab 10 Uhr | **Tipp** Fünf Jahre nach der fürstbischöflichen Brauerei in Titting kaufte Michael Gutmann auch die heutige Hofmühlbrauerei in Eichstätt, die bereits 1492 gegründet worden war.

46 Dunkel

Tarntrunk für den echten Hundling

Man stelle sich sich selbst als jungen Bursch vor. Oder als junges Derndl. Daheim in einem Dorf im Chiemgau, jenem sattgrünen Hügelland, in dem es so zünftig zugeht, wie es sich nur ein Illustrator von Bilderbüchern ausmalen kann. Mitte April. Die Nächte sind jetzt dazu da, den Nachbarort auszuspähen. Wird es uns gelingen, den Maibaum zu stehlen? Trotz unserer Behinderung? Als echte Hundlinge haben wir ja immer nur eine Hand frei. Weil die andere ständig ein Bier halten muss. Eines, das nicht wie ein heller Stern in die Nacht hinausleuchtet und uns nicht verraten kann.

Auch wenn das 1612 vom bayerischen Herzog zum Wohl der Staatskasse gegründete Hofbräuhaus Traunstein selbstredend mit dem Privileg ausgestattet war, das damals hochgeschätzte, aber teure »Weiße Bier« herzustellen, hatte es von Anfang an auch eine erschwingliche Alternative im Programm. Bis wann das aus günstigerem Gerstenmalz angesetzte Braunbier wie vergoren wurde beziehungsweise wann es sich zum heutigen Dunklen wandelte, vermag selbst die Brauereileitung nicht zu beantworten. Wie in allen Sudhäusern der frühen Neuzeit überließ man es auch in Traunstein anfangs irgendwelchen in der Luft zirkulierenden Sporen, aus der Würze ein Bier zu zaubern. In Belgien wird diese sogenannte Spontangärung bis heute praktiziert.

Dunkle Lagerbiere haben den Ruf, satt und müde zu machen. Diese Version hingegen, die bei den Stadtbränden von 1704 und 1851 als Löschwasser zweckentfremdet wurde, weshalb ganze Straßenzüge, nicht aber das Hofbräuhaus zu Asche zerfielen, ist im Gegenteil dafür gemacht, den Burschn und Derndln Kraft zu geben, wenn sie sich einen nächtlichen Gspaß in den Kopf setzen. Ein sinnlich energetisierendes Aromenspiel aus roter Traube, Apfel und Honig. Dank viel Karamellmalz. Wie ein kräftiger Hieb auf die Schulter: die Bittere im Abgang. Als wolle sie uns anstupsen: Auf jetzt, ihr Hundlinge!

Adresse Hofbräuhaus Traunstein, Hofgasse 6, 83278 Traunstein, Tel. 0861/988660, www.hb-ts.de | Bierprofil Dunkles, Helles, Unfiltriertes, Leichtbier, Pils; helles, dunkles, leichtes Weizen; saisonal: Festbier, heller und dunkler Bock | Öffnungszeiten Brauereiführung Mo–Mi, Sa 11 Uhr, Mo auch 18 Uhr; Bräustüberl, Stadtplatz 20, 83278 Traunstein, Tel. 0861/4379, www.braeustueberl-traunstein.de, täglich ab 10 Uhr | Tipp Statt wie Ende des 19. Jahrhunderts zwischen neun können die Traunsteiner heute immerhin noch zwischen drei Brauereien wählen. Neben dem Platzhirsch freuen sich die Privatbrauereien Schnitzlbaumer und Wochinger über einen großen Durst.

47 Roundhouse Kick

Heraus aus den Kinderschuhen

Wird der 29. August 2019 in die Geschichte des Bieres eingehen? Oh ja … die Wette gilt!

Rückblende. München 2011. Zwei Hobbybrauer hängen ihre Jobs an den Nagel. Ihre Mission: jene armen Schlucker zu erlösen, die wegen des nahezu identischen Geschmacks der Biere, die man ihnen in Münchens Gasthäusern vorsetzt, mit ebensolchen gegen ihre Depression antrinken, in die sie wegen diesen abgeglitten sind. Ihr Kapital: Rezepte für revolutionär andere, megaaromatische Geschmackserlebnisse und ein cooler Markenname. Nach einem kometenhaften Aufstieg kann es sich Crew Republic 2015 leisten, in Unterschleißheims bester Lage eine Brauerei mit stylishem Brewpub und Biergarten hochzuziehen – nur eine Autobahnunterführung vom Baggersee, dem Sommerparadies der Schlafstadt, entfernt.

Zweifellos hat uns Crew Republic viel gelehrt. Sachen, von denen der Bayer gar nicht wusste, dass er genau das unbedingt wissen will. Zum Beispiel, dass das Wort Stout gar kein Synonym für eine irische Großbrauerei ist. Das »Roundhouse Kick«, die nicht nur wegen ihrer 9,2 Prozent megastarke Interpretation des einst in London entwickelten und von dort auf die Grüne Insel ausgewanderten nachtschwarzen Magenwärmers, hat einer ganzen Generation die Augen geöffnet, dass es da draußen in der Welt noch viel zu erschmecken gibt. Aber auch, dass es an der Zeit ist, am Tresen eine Revolution gegen die Großen anzuzetteln, weil sie noch immer viel zu viele Kleine fressen.

»AB InBev steigt bei Crew Republic ein«, lautete die Schlagzeile, die am 29. August 2019 der Zeit der Unschuld ein Ende setzte. Der größte Braukonzern der Welt als Teilhaber? Die Pioniere des Microbrewing wollten halt »heraus aus den Kinderschuhen«. Bis 2011 zurück löscht unsere Erinnerung seither alles, was uns an der Craft-Beer-Kultur gefallen hat. Wegen Verlogenheit. Gehabt euch wohl, Timm Schnigula und Mario Hanel. Arrivederci!

Adresse Crew Republic, Andreas-Danzer-Weg 30, 85716 Unterschleißheim, Tel. 089/411471290, www.crewrepublic.de | Bierprofil diverse Pale Ales und India Pale Ales, Imperial Stout, Barley Wine, Sondersude | Öffnungszeiten Brewpub mit Biergarten Fr 16–22 Uhr | Tipp Nach wie vor klein, fein und absolut empfehlenswert ist die ebenfalls von Hobbybrauern gegründete Amperbräu aus Neuhimmelreich, einem Ortsteil der Gemeinde Bergkirchen im Landkreis Dachau.

48_ Wuid-Serie

Umwerfend starke Erwachsenenbildung

Eine der schönsten Biergeschichten ist die vom India Pale Ale – kurz: IPA. Sie spielt zu jener Zeit, als in Indien Landstrich um Landstrich unter britische Kontrolle geriet. Jedes Schiff brachte neue Soldaten auf den Subkontinent – und diese einen großen Durst mit. 1711 gingen deshalb erstmals auch etliche Fässer Bier auf die Reise. Damit es unterwegs nicht verdarb, wurden die Behältnisse mit Hopfen – von Natur aus antiseptisch – vollgestopft und mit Starkbier gefüllt, das man ja am Zielort auf Normalstärke herunterverdünnen konnte. Während der zehn Monate auf See reicherte sich die Leckerei mit mehr Fruchtaromen an, als in einer Obsthandlung in der Luft liegen.

Fast so schön ist auch die Geschichte von einem bayerischen Jungspund, der 2012 ins Paradies auszog. 14 Monate lang brachte Markus Hoppe auf Mauritius eine kleine Brauerei auf Vordermann. Dann wusste er, dass er sein Glück nur daheim finden konnte. Zurück in Waakirchen, stellte er erst einmal die Vorstellung auf den Kopf, wie Bier aus Bayern zu schmecken hat, um der auf halbem Weg zwischen Bad Tölz und dem Tegernsee gelegenen Ansammlung stolzer Bauernhäuser schließlich das zu geben, was ihr schmerzlich fehlte: eine Brauerei.

Auch wenn die stylish-rustikale Hoppebräu naturgemäß davon lebt, Helle kastenweise unters Volk zu bringen, wird ihr Name wohl für immer für die Mission ihres Braumeisters stehen, das Voralpenland didaktisch an die Faszination India Pale Ale heranzuführen. In fünf Unterrichtseinheiten arbeitet sich die Wuid-Serie voran. Den Anfang macht ein bayerisches Lager, das quasi auf britische Art mit Hopfen gestopft wurde: der Wuide Hund. Es folgen immer stärkere Ales mit immer ausgefuchsteren Doldenmischungen. Der krönende Abschluss, das Double IPA Fuchsteufelswuid, hat satte 8,2 Prozent. Von daher: nur fürs private Homeschooling bereits erwachsener Eleven, dann aber dringend empfehlenswert!

Adresse Hoppebräu, Tölzer Straße 37, 83666 Waakirchen, Tel. 08021/5077143, www.hoppebraeu.de | Bierprofil Wuid-Serie – in aufsteigender Reihenfolge: Wuida Hund (Lager), Wuide Henna (Session IPA), Wuidsau (Amber Ale), Vogelwuid (IPA), Fuchsteufelswuid (Double IPA); Helles, Dunkles, helles und leichtes Weizen, holzfassgereifte Imperial Stouts, Sondersude | Öffnungszeiten Braugasthaus Mi, Do ab 17 Uhr, Fr ab 10 Uhr, Sa, So ab 11 Uhr | Tipp Die Mühlfeldbräu in Bad Tölz, bei der Markus Hoppe 2014 als Braumeister gewirkt hat, ist vor allem für ihr brillantes Helles bekannt.

49__Vitus

1.000 Jahre in einem Glas

Drei bayerische Brauereien buhlen mit dem Superlativ »die älteste« darum, man möge doch bitte ihre Kostbarkeiten aus genau diesem Grund bevorzugen. Auch wenn Historiker sowohl das Gründungsjahr 1050, das sich Weltenburg und Tegernsee teilen, als auch 1040 für Weihenstephan wiederholt als Märchen enttarnt haben. Aber 1.000 Jahre Erfahrung, das klingt einfach zu gut, um nicht wider besseres Wissen an gefälschten Urkunden festzuhalten. Mit ihnen verschafften sich die Äbte ein zugkräftiges Argument, als nach dem Dreißigjährigen Krieg der Bierzwang neu verhandelt wurde. Wer damals den Zuschlag bekam, hatte in einem eingegrenzten Gebiet das Monopol, alle Gaststätten zu beliefern. 1675 setzten sich das Kloster Tegernsee gegen Holzkirchen und das Kloster Weihenstephan gegen die benachbarten Freisinger durch.

Die kleine historische Exkursion soll und kann den exzellenten Ruf nicht beschädigen, der den Bieren vorauseilt, die heute auf dem weitläufigen, in den 1930er Jahren mit gigantomanischen Klötzen überbauten Weihenstephaner Berg entstehen. Seit 1852 profitiert die Musterbrauerei, die sich damals bereits seit knapp einem halben Jahrhundert in Staatsbesitz befand, von den zu ihr verlegten Forschungsaktivitäten der Fakultät für Brauwesen der Technischen Universität München. Allen voran den diversen Weizen bescheinigen der Volksmund und sachverständige Profigaumen in trauter Einigkeit: noch einen Tick besser als erstklassig!

Man tut gut daran, bei einem Ausflug ins Bräustüberl einen Abstinenzler mitzunehmen, denn der König der Weihenstephaner Meistertrunke, der Vitus, verträgt sich nicht mit dem Plan, selbst mit dem Auto nach Hause zu fahren. Ein einziger Schluck genügt … und die 1.000 Jahre … das kann keine Fälschung sein! Bei einer so hohen Aromenvielfalt, -komplexität und -dichte. Die gesammelte Brauerfahrung Bayerns, zu einer 7,7 Prozent starken Halben verdichtet!

Adresse Bayerische Staatsbrauerei Weihenstephan, Alte Akademie 2, 85354 Freising-Weihenstephan, Tel. 08161/5360, www.weihenstephaner.de | **Bierprofil** zwei Helle, Naturtrübes, Pils, Festbier, Dunkles, helles, dunkles und leichtes Weizen, Kristallweizen, Weizenbock, Doppelbock; saisonal: Winterbier | **Öffnungszeiten** Brauereiführung Mo–Mi 10 Uhr, Di zusätzlich 13.30 Uhr; Bräustuberl, Weihenstephaner Berg 10, Tel. 08161/13004, www.braeustueberl-weihenstephan.de, täglich ab 11 Uhr | **Tipp** Ebenfalls ganz große Klasse: das helle Weizen der Brauerei Hopf aus Miesbach im Oberland.

50_Hallertauer Grünhopfen Lager

Ein Büschel Weidegras im Mund

Raffiniert, wie die Natur nun einmal ist, gönnt sie dem Gewürz des Bieres ein paar Wochen Sonderlebenszeit. Wegen anno dazumal. Erst mussten sie ihre eigenen Äcker abräumen, dann konnten bis zu 200.000 Männer und Frauen in die Holledau reisen, um dort drei Wochen lang klebrige Dolden zu zupfen. Bis zur Mechanisierung des Hopfenanbaus in den 1960er Jahren galt: ohne diese Völkerwanderung kein gscheites Bier. Verbraut wird Hopfen getrocknet und meist zudem zu Pellets gepresst. Dass ihn niemand frisch gepflückt in den Sudkessel warf, wundert nicht. Für solche Sperenzchen hatte während der Ernte niemand Zeit.

Einmal mehr ist es deshalb angebracht, sich vor der US-Craft-Szene zu verneigen. Das Grünhopfenbier ist die im wahrsten Wortsinn experimentellste ihrer Erfindungen. Da es für frischen Hopfen keine Instrumente gibt, mit denen sich der jährlich schwankende Gehalt an Alphasäure (Bitterkeit) und ätherischen Ölen (Aromatik) messen lässt, muss sich der Brauer ganz auf sein Gefühl verlassen. Das Ergebnis schmeckt deshalb zwar immer umwerfend grasig, kann in Sachen Intensität aber von einem Büschel Weidebewuchs bis zum Eindruck reichen, in einen Rasenmähersack eingenäht zu sein.

Der Klassiker der Grünhopfenbiere stammt selbstredend aus der Hallertau. Ein aufwendiges Verfahren macht es der 2014 gegründeten Urban Chestnut Brewing Company möglich, im Voraus zu wissen, dass ihre Version wieder einmal harmonisch munden wird. In der Reihenfolge, in der die Sorten Hallertauer Hersbrucker, Blanc und Tradition reif werden, werden sie am Erntetag verbraut. Separat. Der jeweilige Hopfen wird im Läuterbottich zehn Minuten mit der bereits von den Spelzen bereinigten Würze gespült. Insgesamt fünf reinhopfige Sude werden dann zu einer mild grasigen Rarität verschnitten, die, ab Mitte November erhältlich, rasend schnell vergriffen ist.

Adresse Urban Chestnut Brewing Company, Am Brunnen 2, 85283 Wolnzach, Tel. 08442/964088, www.urbanchestnut.de | **Bierprofil** Helles, Lager, Naturtrübes, Pale Ale; saisonal: Grünhopfenbier, Dunkles, Festbier, Doppelbock, Maibock, Frühjahrsbier | **Öffnungszeiten** Braugasthaus mit Biergarten, Am Brunnen 1b, 85283 Wolnzach, Tel. 08442/956576, www.zum-buergerbraeuwirt.de, Do–Di ab 17 Uhr, Fr, So zudem 11–14 Uhr | **Tipp** Die Schlossbrauerei aus dem nahen Markt Au in der Hallertau bemüht sich redlich, ihren einstigen Status als Liebling der Region zurückzuerobern.

51__Alte Liebe

Wirkt wunderbar entschleunigend

Auf das schöne Wort Gemütlichkeit ein Prosit anzustimmen, dazu ist der Bayer jederzeit bereit. Denn wenn oans, zwoa oder drei gsuffa sind, hat man die höchste Sphäre der Entspanntheit ganz sicher erreicht. Aber gibt es auch noch andere Techniken? Wie beim Yoga? Ja! Beispiel: ein Familientrip in die Kreativwelt der Brauerei zum Kuchlbauer in Abensberg. Bestellt man sich dort das flüssige Symbol großväterlicher Behäbigkeit, ein dunkles Weizen, wissen Gattin, Tochter und Schwiegersohn, dass sie den lieblichen, bonbonbunten Kosmos eines Herrn namens Leonhard Salleck doch besser allein besichtigen.

Dass die auf Weißbier spezialisierte Sudstätte Jahr für Jahr eine halbe Million Ausflügler in ihren Bann zieht, ist Sallecks Spleen für organische Kunst und hehren Kitsch zu verdanken. 1969 übernahm der manische Sammler die Leitung des Familienbetriebs. Rund 25 Jahre später glaubte er, Friedensreich Hundertwasser dafür begeistern zu können, für ihn einen 70 Meter hohen Turm zu entwerfen. Der weltbekannte Künstler sagte Ja. Denn er hatte erfahren, dass Salleck sein Faible für Gartenzwerge teilte. Allerdings stutzten die Juristen den hundertprozentig zweckfreien, von einem Hundertwasser-Biergarten umsäumten und mit Sallecks Sammlung von 4.200 Weißbiergläsern gefüllten Besuchermagneten auf 35 Meter zusammen. Ebenfalls im Hundertwasser-Stil dekoriert: das benachbarte Brauhaus, in dem ein Heer von Gartenzwergen die Kunst des Biermachens erklärt, und ein Museum, das Salleck seinem 2000 verstorbenen Künstlerfreund gewidmet hat.

Hellem Weißbier haftet der Ruf an, es bringe Körper und Geist in Wallung. Deshalb hat recht, wer sich angesichts des hibbeligen Abensberger Farbfeuerwerks der dunklen, vom Aroma reifer Pflaumen und frischen Brotes durchzogenen Variante zuwendet, die den Gleichmut fördert und beim Kuchlbauer Alte Liebe heißt. Wirkt übrigens auch zu Hause wunderbar entschleunigend!

Adresse Brauerei zum Kuchlbauer, Kuchlbauer's Bierwelt (Shop und Startpunkt für Führungen), Kuchlbauer Turm und Biergarten, Römerstraße 5, 93326 Abensberg, Tel. 09443/910150, www.kuchlbauer.de | **Bierprofil** zwei helle, ein dunkles, ein leichtes Weizen, Weizenbock | **Öffnungszeiten** Biergarten am Turm Mo–Sa 11–20 Uhr, So 10–20 Uhr; Brauereiführung mit Turmbesteigung täglich 11, 13 und 15 Uhr; KunstHaus, Schulhausplatz 4, 93326 Abensberg, täglich 10–18 Uhr; Brauereigasthof, Stadtplatz 2, 93326 Abensberg, Tel. 09443/148, www.brauereigasthof-kuchlbauer.de | **Tipp** Mit dem 1609 erstmals dokumentierten, heutigen Ein-Mann-Betrieb Ottenbräu und dem bereits für 1487 nachweisbaren, nur wenig größeren Hofbräu bietet Abensberg zwei weitere höchst entdeckenswerte Sudstätten.

52 Infanterist Deifl

Seit 1870 nicht mehr zu bekommen

Die lange Geschichte der bayerischen Braukunst wird von einem großen schwarzen Fleck verdunkelt. Niemand kann sagen, wann sich in den Braunen Brauhäusern, einem im Mittelalter entstandenen, auf Gerstenbier spezialisierten Sudhaustyp, der entscheidende Entwicklungsschritt vollzog. Gemeint ist der Umstieg von der ober- auf die untergärige Hefe, die bis heute für Lagerbiere – Helles, Märzen, Pils, Export – Usus ist. Zweifelsfrei belegt ist:

1) dass die obergärige Variante des Braun-/Rotbiers mit Erfindung der Kältemaschine 1870 schlagartig verschwand. Die untergärige aber auch!

2) dass im oberpfälzischen Schwandorf schon Ende des 14. Jahrhunderts konstant acht Grad Celsius kalte und damit für eine untergärige Hefe prädestinierte Räumlichkeiten vorhanden waren. In Form eines in einen Berg hineingebauten Kellerlabyrinths.

Ach ja: Zwischen einem Rot- und einem Braunbier gibt es nur einen Unterschied: den Namen.

Die an ein Gasthaus mit Hotel angeschlossene Brauerei des Feriendorfs Essing gibt offen zu: Natürlich weiß auch sie nicht, wie genau das Otto-Normalverbraucher-Bier von vor 1870 geschmeckt hat. 2014 zelebrierte das ins Altmühltal eingepasste Örtchen den 150. Todestag seines einzigen berühmten Sohns. Von den 35.799 bayerischen Soldaten, die 1812 mit Napoleon gen Moskau ziehen mussten, kehrten nur 2.297 zurück. Unter ihnen: der Infanterist Josef Deifl, der Tagebuch geführt hatte – ein einzigartiges Zeitdokument!

Zu seinen Ehren beschloss man, das Alltagsbier seiner Zeit zu rekonstruieren. Bei der Frage der Hefe entschied sich die Brauerei Schneider für jene Variante, die mit Sicherheit zuerst da war. Ihr Rotbier ist enorm fruchtig, denn es ist wie ein Weißbier obergärig vergoren. Der Prickeltrunk mit dem typischen rötlichen Stich mundete den Essingern so gut, dass ihn die Schneiders ins Stammsortiment aufnahmen.

Adresse Schneider Hotel und Brauereigasthof, Altmühlgasse 10, 93343 Essing, Tel. 09447/91800, www.brauereigasthof-schneider.de | **Bierprofil** Helles, Märzen, Dunkles, obergäriges Rotbier, Weizen, saisonal: Bock | **Öffnungszeiten** Braugasthaus Mo ab 16 Uhr, Di–So ab 8 Uhr | **Tipp** Eine Führung durch das schier unendliche mehrstöckige Felsenkeller-Labyrinth von Schwandorf ist ein einmaliges Erlebnis. Termine kann man über tourismus@schwandorf.de anfragen.

53 Erlkönig Imperator

Der Teufel kann ein Engel sein

Generationen von Schulkindern waren sich uneins, ob sie sich von Goethes sinnlichem Gewaltrausch fasziniert zeigen oder sich von der Pathetik seiner Verse gemartert fühlen sollten. Alle haben sie sie auswendig lernen müssen. Die Ballade von einem Knaben, den ein mystisches Böses verführt, auf die dunkle Seite zu wechseln. »Und bist du nicht willig, so brauch ich Gewalt.« Psychologisch betrachtet, soll das Gedicht ja den schmerzhaften Abschied von der Kindheit beschreiben, das ewige Gesetz, auch Schlimmes ausprobieren zu müssen, weil nur dann die Erkenntnis reifen kann, dass sich Gut und Böse doch nicht so messerscharf voneinander trennen lassen wie Schwarz und Weiß. Maximal verlockend. Maximal gefährlich. Dasselbe gilt für ein im doppelten Wortsinn spektakulär starkes Bier, dessen Etikett auf den Klassiker der deutschen Dichtung verweist. Gebraut wird es in Geiselhöring, einem Städtchen am Westrand des Gäubodens. Josef II. Erl hat es 2015 zu seinem Einstand in die elterliche Erl-Bräu kreiert.

Bernsteinblond. Lieblich duftend. Mit dem Charme eines Engels lächelt dieser Trunk aus dem Glas. Im Mund: süß wie Honig, den wohl eine gute Fee auf ein Löffelbiskuit geschmiert hat. Süffig wie Limo. Beim Schlucken dann eine leise Vorahnung, die aber niemand hören will. Noten von Harz und eine drückende Bittere. Wirst also fühlen müssen!

Hell – noch so eine Falle – und dennoch ein Doppelbock mit 8,5 Prozent, die die Gehirnzellen gnadenlos ausknipsen wie im filmischen Update der Erlkönig-Ballade von George Lucas die rechte Hand des Imperators das Leben Luke Skywalkers, wäre ihm im letzten Moment nicht der Satz über die Lippen gekommen: »Nein, ich bin dein Vater!«. Dies nur deshalb eingeflochten, damit auch die Jüngsten verstehen, wovon hier die Rede ist. Ein Bier, das Leichtsinn propagiert, damit sich ihm der Mensch als Opfer darbringt. Flüssige Kunst. Vom Feinsten.

Adresse Erl-Bräu, Straubinger Straße 10, 94333 Geiselhöring, Tel. 09423/94170, www.erl-braeu.de | Bierprofil Helles, Export, Pils, Dunkles, helles, dunkles und leichtes Weizen, heller Doppelbock; saisonal: Festbier, Bock | Öffnungszeiten Direktverkauf, Straubinger Straße 8, 94333 Geiselhöring, Mo–Do 8–12 und 13–18 Uhr, Sa 8–12 Uhr; Brauereigasthof, Stadtplatz 17, 94333 Geiselhöring, Tel. 09423/902087, Mo–Fr ab 17.30 Uhr | Tipp Im nahen, bereits in der Oberpfalz gelegenen Markt Schierling reift und serviert die Spezialbrauerei Schierling ein überaus leckeres Pils.

54 Erstes original Dinkel-Bier

Der heiligen Hildegard zum Wohl

In den 1980er Jahren, dem Pionierjahrzehnt von Bio – die Älteren erinnern sich –, lag die Frage in der Luft, ob Mutter Natur nicht irgendwo eine bessere Alternative zur überzüchteten Braugerste bereithält. Zum Beispiel für ein Bier, das den strengen Ernährungsregeln der mittelalterlichen Mystikerin und Heilerin Hildegard von Bingen gehorcht und dadurch einem Kranken den Arztbesuch erspart. »Dinkel«, war sich die 1179 im biblisch hohen Alter von 81 Jahren verstorbene Äbtissin sicher, »ist das beste Getreide.« »Wie auch immer zubereitet«, würde der Weizen der Jungsteinzeit für »gutes Blut« sorgen. »Die Seele des Menschen macht er froh und voll Heiterkeit.« Ein Fingerzeig, den Max Hirz, Enkel eines allseits beliebten Wunderdoktors aus dem Bayerischen Wald und Erbe einer vom »Apostel von Hauzenberg« 1890 gegründeten Brauerei, gern aufgriff.

Durchhaltevermögen war gefragt, bis der absolute Außenseiter, die im hintersten südöstlichen Winkel von Bayern versteckte Apostelbräu, 1989 verkünden konnte: Es ist vollbracht! – Und Max Hirz und sein damaliger Azubi Deutschlands erstes Dinkelbier ins Glas fließen ließen. Dinkel hat extrem widerspenstige Spelzen, scheint sich aktiv dagegen zu wehren, zu Bier verflüssigt zu werden. Wie es auch seine guten Gründe hat, dass bereits vor Jahrhunderten auch Emmer und Schwarzhafer aus den Brauhäusern verschwanden. Max Hirz' damaliger Helfer, sein Sohn und Nachfolger Rudolf »Rudi« Hirz, weiß auch diese seltenen Getreide im Sudkessel zu domestizieren.

Geschmacklich fassen lässt sich das beim World Beer Cup, dem größten Bierwettbewerb der Welt, aufs Siegerpodest gehievte Dinkelbier aus Hauzenberg am besten, wenn man es mit einem hellen Weizen vergleicht. Üppige Fruchtaromatik: ja. Abzüglich Banane. Säuerlich: streichen und durch lieblich süß ersetzen. Fertig. Lecker und weit weniger exotisch, als man denkt.

Adresse Apostelbräu, Eben 11–13, 94051 Hauzenberg, Tel. 08586/2200, www.apostelbraeu.de | **Bierprofil** Dinkel-, Roggen-, Emmer-, Einkorn-, Fünf-Korn-Bier, Dinkel-Weizen, Pale Ale, Farmhouse Ale, holzfassgereifte Edition, unregelmäßig Sondersude | **Öffnungszeiten** Das hauseigene Brauerei- und Dinkelmuseum und das Braugasthaus Birreria werden sukzessive zu einer Biererlebniswelt ausgebaut, aktuelle Öffnungszeiten auf der Website. | **Tipp** Die im nahen namensgebenden Aldersbach gelegene, aus einem Kloster hervorgegangene Brauerei Aldersbach zählt zu den ältesten Sudstätten Bayerns und hätte eigentlich eine eigene Doppelseite verdient.

55_Blau Weisse

Zwei Herzen schlagen, ach! in meinem Glas

Hopfen ist die mit Abstand teuerste Zutat, die auf jener kurzen Liste steht, die dem Volksmund zufolge seit 1516 regelt, was ein Brauer darf und was nicht. Juristisch ist das Reinheitsgebot gegenstandslos, gültig ist ein Rechtstext namens »Vorläufiges Biergesetz von 1993«. In diesem Buch ist immer wieder vom Hopfenstopfen die Rede, eine in Bayern erst seit Kurzem verbreitete Praxis, bei der ein eigentlich fertiger Sud in der Reifephase nachträglich durch eine erneute Hopfengabe veredelt wird. Obwohl zweifelsfrei reinheitsgebotkonform, ist die Kalthopfung, die dem Bier auf einem rein natürlichen Weg ein betörend intensives Aromenspiel verleiht, erst seit 2012 erlaubt. Das mehrere Seiten lange Regelwerk lässt freilich auch diverse Methoden zu, um das in Bayern überwiegend harte und dadurch eigentlich nur für dunkle Biere geeignete Brauwasser aufzubereiten.

Die am Rand der Hallertau beheimatete Hohenthanner Schlossbrauerei nutzt das kostspielige Hopfenstopfen, um die höchst unterschiedlichen Reize der Jahreszeiten in vier Flüssigspezialitäten einzufangen. Kalthopfung mit Dolden der Sorte Polaris verleiht dem Sommertrunk, dem ab Juni verfügbaren Lagerbier »Polaris Sommer«, das Aroma eines kühlenden Gletschereisbonbons.

Ganz besonders gefällt, was sich Johannes Rauchenecker, Chef und Braumeister der 1864 gegründeten, vis-à-vis dem Schloss von Hohenthann gelegenen, damals nur zur Versorgung der Dorfwirtschaft gedachten, bis heute familieneigenen Brauerei für das Frühjahr hat einfallen lassen. Die Blau Weisse ist ein klassisches bayerisches Weißbier, das nach der Vergärung zu einem britischen Pale Ale umerzogen wird und in dem deshalb zwei Herzen schlagen. Da ist der für ein Weizen typische sämig milde Bananen-Fruchtcocktail-Aromenmix. Da sind aber auch diese charmanten Noten von Honigmelone und Grapefruit, die dem Hopfenstopfen geschuldet sind.

Adresse Hohenthanner Schlossbrauerei, Brauhausstraße 1, 84098 Hohenthann, Tel. 08784/96020, www.hohenthanner.de | **Bierprofil** Helles, Pils, Naturtrübes, Leichtbier, Dunkles, helles, dunkles und leichtes Weizen; saisonal: Festbier, Maibock, Doppelbock, Blau Weisse, Polaris Sommer, Grünhopfenbier, Pale Ale | **Öffnungszeiten** Brauereigasthof mit Biergarten, Rottenburger Straße 22, 84098 Hohenthann, Tel. 08784/969601, www.hohenthanner-brauereigasthof.de, Mi–Sa ab 17 Uhr, So ab 11 Uhr | **Tipp** Die Brauerei Pöllinger aus dem nahen Pfaffenhausen braut mit der Erfahrung von über 500 Jahren. Gründungsjahr: 1474.

56_Gäuboden Volksfestbier

Von Adel zu Adel

5.000 Kehlen. Jederzeit bereit, sich dem Ritual aller Rituale hinzugeben. Sie schicken auf das Kommando »Oans, zwoa, drei! Gsuffa!« hin einen großen Schluck in den Magen hinab. Sie grölen »Sierra, Sierra Madre«, von Inbrunst und etlichen Promille ergriffen. Obwohl von gerade einmal einem Viertel so vielen Durstigen besucht wie das Münchner Oktoberfest, gilt das Straubinger Gäubodenvolksfest als die bayerischste aller temporären Bierzeltmetropolen. Urige Ausgelassenheit auf geballtem Raum. Oder, wie die Straubinger schwelgen: »a Trumm«, ein Stück »vom Paradies«.

Wenn eine Branchenerosion es erzwingt, das Gleichgewicht der Brauereien neu auszutarieren, die die sieben Zelte mit eigens eingebrauten Festbieren beliefern, ist freilich Schluss mit lustig. 2016. Die Arcobräu aus Moos übernimmt die Schlossbrauerei Irlbach. Bis dahin waren beide für das Bier von 11.000 der insgesamt 27.000 Zeltplätze zuständig. Das Problem: Jetzt zählten beide als eine Brauerei. Weil auch die Kleineren Luft zum Atmen brauchen, gilt beim Gäubodenvolksfest die Regel, dass eine Brauerei maximal 9.000 Bierzeltplätze versorgen darf. Ein Nervenkrieg, der mit dem Wechsel des Festzelts Lechner zur Röhrlbräu sein friedliches Ende fand.

Weshalb die Adelsfamilie Poschinger-Bray die von ihr 1811 übernommene, insgesamt gut 500 Jahre alte Irlbacher Schlossbrauerei an das altehrwürdige Geschlecht derer von Arco-Zinneberg übergab? Gerüchten zufolge kommt ein Streit der Erben des 2001 verstorbenen Adalbert von Poschinger-Bray ebenso in Frage wie das Bedürfnis, sich auf die in Familienbesitz verbliebene Landwirtschaft zu konzentrieren, das Steckenpferd des Verstorbenen. Wie sich nicht nur anhand des kräftig malzigen und nicht minder kräftig gehopften Gäubodenfestbiers schmecken lässt, haben die neuen Besitzverhältnisse fürs gemeine Volk nichts geändert. Unbedingt probiert haben sollte man auch die dunkle Weisse. Und überhaupt: eine Zierde der niederbayerischen Bierkultur!

JENNY MENZEL
111 ORTE FÜR KINDER IN DRESDEN DIE MAN GESEHEN HABEN MUSS
BERND IMGRUND
111 WHISKYS DIE MAN GETRUNKEN HABEN MUSS
JULIA TZSCHÄTZSCH
111 ORTE FÜR KINDER IN FRANKFURT DIE MAN GESEHEN HABEN MUSS
OLIVER SCHRÖTER
111 ORTE FÜR ECHTE MÄNNER DIE MAN GESEHEN HABEN MUSS
emons:
Entdecken fängt zu Hause an
JENS DREISBACH
111 GINS DIE MAN GETRUNKEN HABEN MUSS
CHRISTINA BACHER
111 ORTE FÜR KINDER IN KÖLN DIE MAN GESEHEN HABEN MUSS
THOMAS FUCHS
111 DEUTSCHE BIERE DIE MAN GETRUNKEN HABEN MUSS
111 ORTE FÜR KINDER IN UND UM STUTTGART DIE MAN GESEHEN HABEN MUSS
111 DEUTSCHE WEINE DIE MAN GETRUNKEN HABEN MUSS
111 ORTE FÜR KINDER IN BERLIN DIE MAN GESEHEN HABEN MUSS
Mit Fotografien von Theresia Koch

ISBN 978-3-7408-0571-5
€ D 16,95/€ A 17,50

ISBN 978-3-7408-0939-3
€ D 25,00/€ A 25,70

ISBN 978-3-7408-0680-4
€ D 25,00/€ A 25,70

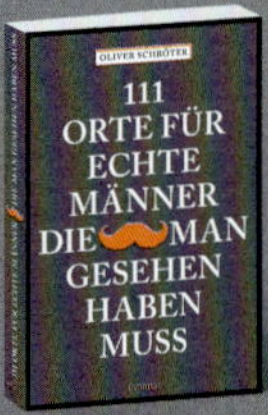

ISBN 978-3-7408-0735-1
€ D 16,95/€ A 17,50

UNSERE 111ER FÜR ECHTE MÄNNER

ISBN 978-3-95451-414-4
€ D 16,95/€ A 17,50

ISBN 978-3-95451-465-6
€ D 16,95/€ A 17,50

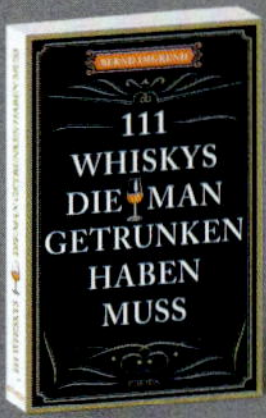

ISBN 978-3-7408-0242-4
€ D 16,95/€ A 17,50

ISBN 978-3-95451-912-5
€ D 25,00/€ A 25,70

ISBN 978-3-7408-0938-6
€ D 25,00/€ A 25,70

ISBN 978-3-7408-1069-6
€ D 16,95/€ A 17,50

Adresse Schlossbrauerei Irlbach, Heckenweg 5, 94342 Irlbach, Tel. 09424/949910, www.schlossbrauerei-irlbach.de | **Bierprofil** Helles, Dunkles, Pils, Export, helles und dunkles Weizen; saisonal: Gäuboden Volksfestbier, Winter-Festbier | **Tipp** 2019 wurde der Kreis der Brauereien, die auf dem Gäubodenvolksfest ausgeschenkt werden, auf sechs erweitert. Das Nesthäkchen, die Klett-Bräu aus Konzell, ist mit 6.000 Hektolitern pro Jahr nur ein Zehntel so groß wie die Arcobräu.

57 Tap 5 Meine Hopfenweisse

Mit Tradition geht alles

Bayerns Biere hätten keinen so exzellenten Ruf, wenn die Wittelsbacher nicht 1516 einen ganz großen Wurf gelandet hätten. Daran lässt Georg IV. Schneider keinen Zweifel, der Ururururenkel jenes gleichnamigen Wirts, der König Ludwig II. 1872 davon überzeugte, die defizitäre Weißbierproduktion des Münchner Hofbräuhauses einzustellen und das Braurecht an ihn zu verkaufen. Der heutige Kopf der Traditionsmarke Schneider, die ihr Sudhaus 1946 aus der kriegszerstörten Hauptstadt nach Kelheim verlegte, kann in der 500 Jahre währenden Tradition auch keine Beschränkung der Kreativität erkennen. Denn mit Reinheitsgebot lassen sich »24 Milliarden verschiedene Geschmacksvarianten« erzeugen. »Diese ergeben sich aus unterschiedlichen Brauverfahren, Malzen, Hefen, Hopfenarten und der Wasserqualität.« Übertreibt er da nicht ein wenig? Nein!

Mai 2007. In Kelheim beugen sich Hans-Peter Drexler, Braumeister von Schneider Weisse, und Garrett Oliver von der Brooklyn Brewery in New York gemeinsam über einen Sudkessel, um zu beweisen, dass auch mit dem 1516 verordneten Handicap wirklich alles geht. Sogar ein Campari Orange!

In der klassischen Halbliter-Portion setzt die 8,2 Prozent starke Tap 5 Hopfenweisse Abenden die Krone auf, an denen man nichts mehr weiter vorhat, als sich dem Faszinosum hinzugeben, mit welcher Beherztheit die milde Süße eines sonnenverwöhnten Orangensafts und die strenge Bittere eines Kräuterdestillats um die Oberhand zu rangeln bereit sind. Das prickende, gefährlich süffige Aromenwunder brilliert aber auch als fulminanter Auftakt eines Festbanketts. In diesem Fall nippt man ihn aus Sektkelchen. Ein Geniestreich streng nach dem bayerischen Grundgesetz. Nur mit und dank H_2O, gekeimtem Getreide, ausgetüftelten Gärungsabläufen, zwei Sorten Hopfen, etlichen Winkelzügen bei deren Gabe und den Reifephasen. Sensibel angepasst an die einen Tick unterkühltere bayerische Genuss- und Wirtshauskultur.

Adresse Schneider Weisse, Tal 7, 80331 München, www.schneider-weisse.de | Bierprofil Original, helles Weizen, leichtes Weizen, Festweizen, Kristallweizen, Weizenbock, Weizendoppelbock, Weizeneisbock, Sondersude | Öffnungszeiten Braugasthaus Kelheim, Emil-Ott-Straße 3, 93309 Kelheim, Tel. 09441/3480, www.weisses-brauhaus-kelheim.de, täglich ab 11 Uhr; Braugasthaus München, Tel. 089/2901380, www.schneider-brauhaus.de, täglich ab 8 Uhr | Tipp Kelheims zweite Brauerei, Frischeisen, ist so etwas wie das Gegenstück zur Weltmarke Schneider: Ihr Helles, Märzen, Pils und Weizen bekommt man – fast – nur im eigenen Braugasthaus.

58_Floriani-Bock

So was gibt es doch nur im Traum

Wenn der Braumeister zum Supermarkt vorfahren muss, weil sein Lager bis auf die letzte Flasche leer geräumt ist, als er endlich die Zeit findet, sein Bier auch im abgefüllten Zustand zu probieren … dann ist er da: der Tag aller Tage. Der Goldflitter-Regen à la »Wer wird Millionär?«. Der Sensationsfall. Der halt aber leider nur in jenen Tagträumen existiert, in die sich zu flüchten die Ärzte den mittelständischen, von permanent sinkendem Bierkonsum gebeutelten Brauereibesitzern raten, um sich vor einer Depression zu schützen. Aber halt, es gibt ihn doch!

Obwohl sie traditionell das lokale Starkbierfest mit einem Doppelbock beschickt, hatte die Brauerei Krieger aus Landau an der Isar diese Sorte lange nicht im Programm. Sie wurde zugekauft. Aus technischen Gründen. Ihr Sudhaus ist auf 100 Hektoliter ausgelegt, was nach Verlust durch Abseihen, Verdunstung et cetera 68 Hektoliter Endprodukt bedeutet. Aber mehr als 20 Hektoliter wollten und konnten die Besucher des Fastenzeit-Derbleckens beim besten Willen nicht schlucken.

Als Michael Sturm, der kreative Kopf und Inhaber der Brauerei Krieger, dem Wunsch des Fastenpredigers Bruder Beppi alias Stadtrat Josef Niedermeier nach einem eigenen Landauer Doppelbock 2013 trotzdem nachkam, besann er sich auf eine Geschichte, die ihm seine Großmutter oft erzählt hatte. In den ersten Maitagen war sie als Kind von Sudhaus zu Sudhaus gezogen, um für jenen Gottesdienst zu sammeln, bei dem die Brauer ihrem Schutzpatron, dem heiligen Florian, die Ehre erwiesen. Obwohl sein dunkler Floriani-Bock vor Rosinenaromen nur so strotzt, ist er deshalb gleichermaßen eng mit einem hellen, nach Honig duftenden Maibock verwandt. Ein Bier, das seine vielen Pfunde – wuchtige 7,5 Prozent – gekonnt zu verstecken weiß. Einen Plan B zu schmieden – die Weiterveredelung des unverkauften Rests im Bourbon-Fass und zu Bierschnaps – hätte sich Sturm 2013 sparen können.

Adresse Brauerei Wilhelm Krieger, Hauptstraße 88, 94405 Landau a. d. Isar, Tel. 09951/98110, www.krieger-braeu.de | **Bierprofil** ganzjährig Helles, Pils, Dunkles, helles, halbdunkles und leichtes Weizen | **Öffnungszeiten** Der Gasthof zur Post ist indirekt Brauereiwirtschaft, Hauptstraße 86, 94405 Landau a. d. Isar, Tel. 09951/59441, www.gasthofpost-landau.de, täglich außer Mo 11 – 14 Uhr und ab 17.30 Uhr | **Tipp** Im nahen Dingolfing versorgt die Brauerei Wasserburger die Durstigen unter anderem mit einem exquisiten Weißbier.

59 Urweiße

Nur dem Namen nach antik

2009 trat Michael Sturm an, die 1622 erstmals dokumentierte, 1913 von seinem Ururgroßvater Wilhelm Krieger in die Familie geholte letzte Brauerei des Städtchens Landau in wirtschaftlich sicheres Fahrwasser zu navigieren. Für einen Braumeister, in dessen Brust zwei Herzen schlagen, kein ganz einfaches Unterfangen.

Wie das Gros seiner jungen Kollegen hatte auch Sturm die Craft-Beer-Welle gepackt, die genau zu dieser Zeit Biere mit einer bis dato für unmöglich gehaltenen Geschmacksintensität nach Bayern spülte. So wohl er sich im Festzelt bei Blasmusik, einem röschen Hendl und einer Maß fühlte, so sehr konnte er sich auch für ein Porter, ein IPA und überhaupt den neuen Freigeist begeistern.

Was ist von der Euphorie der 2010er Jahre geblieben? Im Fall der Brauerei Krieger die Erkenntnis, dass die Nische für hyperaromatische Fremdländer und damit für das Label »Mikes Wanderlust« zu klein bleiben wird. Aber auch, dass sich selbst der Niederbayer für Neues begeistern lässt, es muss ihm halt nur auf eine Art altbekannt schmecken, die er sich selbst nicht erklären kann. Sturms 2019 eingestelltes Projekt »Mikes Wanderlust« prägte die überschaubare, aber einflussreiche Szene der deutschen Craft-Bier-Pioniere, fand aber keinen Weg in den Kühlschrank von Otto Normaltrinker. Geblieben und in aller Munde hingegen ist Sturms Generalüberholung eines Bierstils, den auch viele Traditionalisten als einen Tick zu altbacken empfinden: das dunkle Weizen. Indem er die Malzmischung neu austarierte, die tiefdunklen Sorten durch hellere ersetzte und auch eine karamellisierte auf die Zutatenliste setzte, eliminierte er alles Träge und Tattrige. Freilich ohne dass ihm die nur dem Namen nach historische Urweiße ins Fruchtig-Säuerliche kippte.

Jede Wette, dass Michael »Mike« Sturm dieser prickelnde Geniestreich nicht geglückt wäre, wenn er nicht zuvor an einem ebenfalls obergärigen und auf helleren Malzen basierenden belgischen Pale Ale getüftelt hätte.

Adresse Brauerei Wilhelm Krieger, Hauptstraße 88, 94405 Landau a. d. Isar, Tel. 09951/98110, www.krieger-braeu.de, www.mikes-wanderlust.de | Bierprofil saisonal: Festbier, Naturtrübes, Märzen, Doppelbock; wird eine Kreation des Labels Mikes Wanderlust neu aufgelegt, ist das eine seltene, glückliche Ausnahme | Öffnungszeiten Direktverkauf Siemensstraße 13, 94522 Wallersdorf, Mo–Do 7–12 und 12.45–16 Uhr, Fr 7–12 Uhr | Tipp In Mariakirchen, einem Ortsteil des niederbayerischen Marktflecks Arnstorf, begeistert die Schlossbräu Mariakirchen mit einem urigen Biergarten – und natürlich mit ihren feinen Bieren.

60_Landshuter Hochzeitsbier

Versüßt auch spektakelfreie Jahre

Die wahren Repräsentanten des Guten, Bock- und Festbiere, werden meist für einen konkreten Anlass gebraut, sind deshalb nur saisonal und meist auch nur vor Ort zu bekommen. Deshalb muss man als eingefleischter Fan charakterstarker Braukunstwerke permanent von einem Fest zum nächsten ziehen. Wer sich eine Vorratssammlung anlegen will, sollte, damit die Messlatte von Anfang an auf höchstem Niveau liegt, als eines der ersten Ziele Landshut anvisieren. Das nächste Mal 2023 und dann wieder alle vier Jahre erinnert die niederbayerische Metropole mit einem großen Spektakel daran, dass Herzog Georg der Reiche dort 1475 der polnischen Königstochter Hedwig Jagiellonica das Jawort gegeben und den Bürgern ein wahrlich fürstliches Fest ausgerichtet hat. Das goldgelb glänzende Landshuter Hochzeitsbier, das den weit über 2.000 Mitwirkenden des Historienspiels und den Zigtausenden Schaulustigen vom Landshuter Brauhaus bereitgestellt wird, steht im Verdacht, das süffigste aller bayerischen Festbiere zu sein. Denn es besitzt die Fähigkeit, sich trotz eines ausladenden Malzkörpers so geschmeidig wie eine Schlange die Kehle hinabzuwinden. Zum Glück wartet es auch in den spektakelfreien Jahren darauf, in den Einkaufswagen überführt zu werden.

Auch wenn der Mythos etwas anderes besagt, war es übrigens jener Georg der Reiche, der das erste bayerische Reinheitsgebot erlassen hat. Schon 1409 verpflichteten sich Landshuts Brauer, nur noch Hopfen, Hafer- und Gerstenmalz zu verwenden. 1493 übertrug der Wittelsbacher die 1486 vom Stadtrat unter Ausschluss des Hafers erneuerte Vorschrift auf sein gesamtes Herrschaftsgebiet. Da Altbayern damals in drei Herzogtümer aufgeteilt war – Bayern-München, Bayern-Ingolstadt und Georgs Bayern-Landshut –, erklärte man im 19. Jahrhundert lieber das Reinheitsgebot von 1516 zum Ursprung allen guten Bieres, da es im Zuge der Vereinigung erlassen worden war.

Adresse Landshuter Brauhaus, Pulverturmstraße 6, 84028 Landshut, Tel. 0871/923940, www.landshuter-brauhaus.de | **Bierprofil** zwei Helle, Naturtrübes, Dunkles, Hochzeitsbier (Festbier), helles, dunkles, leichtes und Fest-Weizen; saisonal: Winterfestbier, Doppelbock | **Öffnungszeiten** Als Braugasthaus dient das Gasthaus zum Freischütz, Neustadt 446, 84028 Landshut, Tel. 0871/14226369, www.gasthaus-freischuetz.de, Di–Do ab 10 Uhr, Fr ab 8 Uhr, Sa ab 9 Uhr | **Tipp** 2019 hat die Landshuter Getränkemarktkette Fleischmann die 1987 eliminierte Reichardtbräu wiederbelebt. Fürs Brauen zuständig ist der Inhaber der kleinen Manufaktur Bierschau, die bis dahin mit exzentrischen Craft-Kompositionen aufgefallen war.

61_Kirtabier

Anfangs ein Kartoffelkeller

Es ist, als hätte die Zeit beschlossen, dass es jetzt genug ist mit dem ewigen Voranschreiten. Damals, als ein Knirps im Sudhaus eines Weilers namens Loh den Pfarrer spielte, den Gesellen die Leviten las. Wie in jenen Tagen stapeln sich noch heute auf dem Hof die Holzfässer. Aus dem Knirps sollte einer der großen Volksschriftsteller Bayerns werden. Viele der Geschichten, die Georg Lohmeier im elterlichen Braugasthaus aufsaugte, finden sich in seinem Straßenfeger wieder, der 1969 gestarteten 53-teiligen TV-Serie »Königlich Bayerisches Amtsgericht«.

Als Lohmeier 1926 geboren wurde, war Loh nur ein Bauernhof. Dann kam 1928. »Die Zeit war schlecht, und die Bierzufuhr war ziemlich spärlich.« Weil man im Tausch zu wenig flüssiges Brot bekam, beschloss die Familie, ihre Gerste selbst in solches zu verwandeln. »Im ehemaligen Backhaus wurde Tag und Nacht gebraut, die Würze in Eimern in den Kartoffelkeller, der als Gärkeller diente, getragen und dort vergoren.« Die zum Ausschank umfunktionierte Wohnstube verwandelte sich in eine Wirtshauslegende, aus der improvisierten Sudanordnung wurde eine der letzten bayerischen Bauernbrauereien, die dieses Prädikat tatsächlich verdienen.

Kultstatus besitzt das Kirtabier, das entgegen seinem Namen nicht nur für die Kirchweih gedacht ist. Man ruft bei Babsi an, der Braumeisterin in vierter Generation, und gibt durch, wann man ein frisch gefülltes Fass holen will, um sich im privaten Kreis ordentlich zuzurichten – ein Anlass zum Feiern findet sich in Niederbayern ja immer. Vorteil: Gezapft werden kann mit dem sogenannten Bayerischen Anstich, bei dem man einfach einen Hahn in die Dauben schlägt. Im Gegensatz zu einer Zapfanlage muss man kein Kohlendioxid zusetzen. Rinnt, rinnt und rinnt. Und wie schmeckt's? Fragen wir Georg Lohmeier. Der fand für das Bier vom Bräu aus Loh das größte Lob, das einem Niederbayern möglich ist: Es »reizt zum Weitertrinken«.

Adresse Bräu z' Loh, Loh 7, 84405 Dorfen-Loh, Tel. 08082/442, www.braeuzloh.de | **Bierprofil** Export, Märzen, Naturtrübes, Dunkles, helles und leichtes Weizen; saisonal: Kirtabier, heller Bock (auch holzfassgereift), Sommerbier | **Öffnungszeiten** Direktverkauf Mo–Fr 8–18 Uhr, Sa 8–12 und 15–18 Uhr; Braugasthaus, Loh 6, 84405 Dorfen-Loh, Tel. 08082/5211, Do–Sa ab 18 Uhr, So 11–20 Uhr | **Tipp** Das Städtchen Markt Dorfen, dem Loh 1978 zugeschlagen wurde, kann mit zwei Brauereien aufwarten, der 1649 erstmals erwähnten Brauerei Bachmayer und der kleinen, erst 2017 gegründeten Kellerbräu.

62 Heller Bock

Königin der Klosterbiere

Er gilt als Meisterstück des bayerischen Rokokos. Aber die große Mehrheit der Ausflügler, die sich über schmale Landstraßen tief ins niederbayerische Hinterland hineinschrauben, um nach einer kurvenreichen Fahrt endlich zum Kloster Mallersdorf aufzusteigen, interessiert sich kaum für den 1770 vollendeten Hochaltar der Konventkirche. Sie steuert ein Gebäude an, das sich unter dem wuchtigen Gotteshaus wegduckt, und hofft, dass eine Ordensschwester namens Doris für ein kurzes Gespräch und ein Selfie Zeit hat. Denn die letzte Braumeisterin Bayerns, die den Habit, das Gewand der Nonnen, trägt, wacht über einen noch wichtigeren Kulturschatz: den Charakter eines perfekten Bieres.

Schwester Doris, ausgebildete Braumeisterin, 1949 in Franken geboren und 1971 in den Orden der Mallersdorfer Schwestern eingetreten, leitet die letzte Klosterbrauerei, die sich die Freiheit nimmt, sich über die Diktate der Konsumforschung hinwegzusetzen. Die 76 Hektoliter, die sie jede Woche einmaischt, sind zuvorderst dazu gedacht, den Durst ihrer 500 Mitschwestern zu stillen. Nur was übrig bleibt, wird verkauft und ans Bräustüberl abgegeben, in dem sich von alters her die Wallfahrer stärken. Wer sich dort das helle Lager – naturtrüb als Zoigl oder in der filtrierten Variante – zapfen lässt, wird fortan wissend nicken, wenn es wieder einmal heißt, dass Mallersdorf den Maßstab vorgibt, wie ein echt traditionelles Manna zu schmecken hat.

Für den Klosterbesuch besonders empfohlen werden die beiden Abschnitte im katholischen Jahreskreis, in denen sich Gottes Schöpfung an der Königin der Flüssigkeiten erfreuen darf, dem zugleich filigranen und ausladenden, gefährlich süffigen, schlichtweg genialen hellen Bock. Wie es sich gehört, gibt es ihn, so Schwester Doris, immer »eine Woche vor dem ersten Adventssonntag. Bis circa Mitte Januar reicht er meistens. Ende April kommt er dann nochmals als Maibock. Meistens reicht er rund drei Wochen.«

Adresse Klosterbrauerei Mallersdorf, Klosterberg 1, 84066 Mallersdorf-Pfaffenberg | **Bierprofil** Lager, Zoigl; saisonal: heller und dunkler Bock | **Öffnungszeiten** Direktverkauf Mo, Di, Do, Fr 7.30–12 und 13.30–17.30 Uhr, Mi 7.30–12 Uhr, Sa 9–12 Uhr; Klosterbräustüberl, Nardinistraße 1, 84066 Mallersdorf-Pfaffenberg, Tel. 08772/915470, www.klosterbraeustueberl-mallersdorf.de, täglich außer Mo ab 9 Uhr | **Tipp** Die rund 40 Kilometer südlich von Mallersdorf gelegene Klosterbräu Seemannshausen schenkt ihr unfiltriertes Lager aus dem Holzfass aus und begeistert ebenfalls mit einem Bock, dem seidenweichen Marzelator.

63__Moscatier

Die Grenzen des Vorstellbaren niederreißen

Wir Bayern sind uns sicher, dass beim Bier nach sechs Wochen Reifung im Stahltank der Endpunkt des Möglichen erreicht ist, während beim Wein jetzt erst alles beginnt. Ach, wie wenig wir doch wissen! Beide enthalten Alkohol, der entsteht, indem man Hefe zu Tisch bittet und ihr ein stark zuckerhaltiges Süppchen kredenzt. Und auch sonst sind die beiden enger verwandt, als uns die tradierte Tischkultur glauben macht.

Quasi nichts über die große Welt der getreidebasierten Rauschgetränke wussten die Brüder Tobias und Bastian Merches. Bis zu ihrem Erweckungserlebnis, einem Bierseminar, in das sie sich 2009 verirrten. 2015 machten sie aus ihrem Hobby, dem Austüfteln unverschämt exzentrischer Sorten, die kein Bayer je zuvor getrunken hat, ein Gewerbe. In ihrer in der tiefsten Provinz beheimateten Zombräu verarbeiten sie seither auch Zutaten, die laut Reinheitsgebot verboten sind. Daneben galt es von Anfang an herauszufinden, was wohl herauskommt, wenn man die Kunst der Weinveredelung auf unser liebstes Alltagsgetränk überträgt. Zum Beispiel durch Ausbau in einem Holzfass, in dem zuvor Rum, Likör oder Whisky gelagert worden waren.

Ihre neun Prozent starke Antwort namens Moscatier gehört zu den ersten Barrel Aged, die in Bayern produziert wurden. Ein Bier, das die Grenzen des Vorstellbaren niederreißt. Das überhaupt nicht wie Bier schmeckt. Das aus einem Cognacglas genippt werden will. Himmlisch süß. Mit einem Stich Vanille und Kokos. Ausgangsbasis ist ein Dinkelweizendoppelbock. Der wird für sechs Monate in einem Holzbehältnis weggeschlossen, in dem zuvor Moscatel, ein naher Verwandter von Portwein und Madeira, zu Hause war. Auf dass die in den Dauben gespeicherten Aromen diffundieren.

Dass es funktioniert, war den Brüdern natürlich bekannt. In England gehört die Veredelung im Holzfass zur Tradition. Dort findet man Raritäten, die 25 Jahre lang vor sich hin reifen durften.

Adresse Zombräu, Obere Sendlbachstraße 19, 84051 Mirskofen, Tel. 08703/4658592, www.zombraeu.com | **Bierprofil** ständig wechselndes Portfolio vorwiegend ausgefallener Craft-Beer-Kreationen | **Öffnungszeiten** Direktverkauf Mo–Do 16–20 Uhr, Fr 14–20 Uhr, Sa 9–18 Uhr | **Tipp** Nicht ganz so wild treibt es die ebenfalls 2015 in einer Garage gegründete Craft-Beer-Manufaktur Brandy Bräu aus dem ebenfalls niederbayerischen Wallersdorf.

64__Mooser Liesl

Wer mag nur diese Dame sein?

Immerwährend quält den Bayern die Befürchtung, dass er vom Nachschub abgeschnitten werden könnte wie 1971 Ägypten durch den Assuan-Staudamm vom Segen der Nilflut. Das erklärt, weshalb ihm die Botschaft eines Etiketts bisweilen wichtiger als der Inhalt ist. Bei diesem Kultbier zeigt es eine Kellnerin aus alter Zeit. Jung, lebenslustig, resolut. Man traut ihr zu, unendlich oft eine weitere Maß herbeizuschaffen.

Kein Zweifel, als die im Dörfchen Moos beheimatete Arcobräu eine Marketing-Verpackung für ein Helles erdachte, hat sie sich eine Ikone der Münchner Bierkultur zu eigen gemacht. Da das Copyright bei der Spatenbräu liegt, will sie Coletta Möritz aber nicht beim Namen nennen. Die reale Vorlage der Schützenliesl war gerade einmal 18 Jahre alt, als sie der Maler von Kaulbach 1878 als Verkörperung des Paradieses auf Erden porträtierte.

Oder zeigt das Etikett doch jene Frau, die 1799 verhinderte, dass Bayern fortan von Wien aus regiert wurde? Maria Leopoldine von Österreich-Este, die mit 18 Jahren den bereits 70-jährigen Kurfürsten Karl Theodor heiraten musste, begründete in zweiter Ehe die bayerischen Zweiglinien des italienischen Adelsgeschlechts der Arco. Sie sammelte Brauereien wie andere Leute Briefmarken und war sich trotz ihrer Stellung nicht zu schade, sich auch mal hinter einen Marktstand zu stellen.

Speziell in Ober- und Niederbayern ist die Idee weit verbreitet, ein wirklich gutes Bier erkenne man daran, dass es sich erst dann bemerkbar macht, wenn nichts mehr aus dem Glas in den Mund läuft, weil es leer ist. Schließlich geht es ums Quantum. Und nicht ums Genießen. Von daher will die Mooser Liesl geschmacklich gar nicht sexy sein. Zwar kann das 2016 erstmals abgefüllte Helle einen recht wohlgebauten Malzkörper vorweisen. Dessen Rundungen aber verbergen sich halt arg genant hinter einem nachlässig drapierten Hopfen-Bademantel.

Adresse Arcobräu Gräfliches Brauhaus, Schloßallee 1, 94554 Moos, Tel. 09938/918180, www.arcobraeu.de, www.mooserliesl.de | **Bierprofil** drei filtrierte und ein naturtrübes Helles, Pils; helles, dunkles und leichtes Weizen, Dunkles; saisonal: Festbier, Winterbier, Doppelbock | **Öffnungszeiten** Brauereiführung siehe Website | **Tipp** Im nicht weit entfernten Eichendorf betreibt der bereits zwei Jahrhunderte früher nach Bayern eingesickerte Familienzweig Arco auf Valley die Graf Arco Brauerei.

65__Jubiläumsbier

Als die Uhren noch nicht so hetzten

Nicht Könige und Fürsten sollten in einem Schloss residieren, das die Diözese Passau 1912 zu bauen in Auftrag gab, sondern das gute Bier ihres 1803 säkularisierten und gut 90 Jahre später von ihr zurückgekauften Bräuhauses. Obwohl die aus Elementen des Barocks und Jugendstils zu einem Sudhaus-Neuschwanstein zusammengewürfelte, putzig-phantastische Brauerei Hacklberg eine der schönsten Bayerns ist, zählt sie nicht zu den klassischen Touristenhochburgen. Denn ihre eigentliche Attraktion, das benachbarte Bräustüberl mit seinem weitläufigen Biergarten, ging im Bombenhagel des Zweiten Weltkriegs unter. Vorher das Ausflugsziel aller Passauer Durstigen, existierte ab 1945 kein Grund mehr, sich in den durch die Donau von der Innenstadt abgeschnittenen Stadtteil Hacklberg aufzumachen.

Oh, dieser 1981 wiedereröffnete Biergarten! Ein Waldidyll, in das man sich am ersten warmen Tag des Jahres einquartieren will und das man erst beim ersten Schneefall wieder zu verlassen bereit ist! Aber es wäre ungerecht, den Eindruck zu erwecken, dass die größte der letzten Passauer Brauereien nur den Augen Genuss bereiten will.

Als 2018 die Frage anstand, womit sich gebührend auf das 400-jährige Bestehen der Brauerei anstoßen ließe, muss das Domkapitel geantwortet haben: mit einem Jubiläumsbier, das einen Weg eröffnet, sich in einem nostalgisch verklärten Damals, in dem sich die Uhren noch nicht so hetzten, von den Alltagsstrapazen erholen zu können. Das unfiltrierte Märzen beschwört den Segen des Einfachen und Ursprünglichen. Da ist ein kräftig gebauter Malzkörper, der für Süße sorgt. Da ist eine selbstbewusste Hopfenbittere, die ihn in Schach hält, denn niemand soll über seinen Nächsten die Oberhand gewinnen. Und da sind die hefewürzigen Trübstoffe, die das Geschmackserlebnis in die Breite ziehen. Die Feiern gingen viel zu schnell vorüber. Das Jubiläumsbier aber ist den Passauern geblieben.

Adresse Brauerei Hacklberg, Bräuhausplatz 3, 94034 Passau, Tel. 0851/50150, www.hacklberg.de | Bierprofil Vollsortiment mit 15 Sorten; zudem braut die Brauerei Hacklberg seit 2013 die Biere der Innstadt-Bräu | Öffnungszeiten Bräustüberl Hacklberg mit Biergarten, Bräuhausplatz 7, 94034 Passau, Tel. 0851/58382, www.hacklberger-braeustueberl.de, Di–So ab 11 Uhr | Tipp Obwohl die kleine Andorfer Weißbräu seit 2015 bei der Passauer Löwenbräu lohnbrauen lässt, hat Passau nach wie vor drei Brauereien. Denn das Fassbier für ihr Gasthaus braut Thomas Andorfer nach wie vor selbst.

66_Pfaffenberger Original Weisse

So fruchtig wie der Biss in einen Apfel

In unserem kollektiven Bild einer Brauerei ist viel Platz für stämmige Männer, aber keiner für das sogenannte schwache Geschlecht, die Frauen. Obwohl Bayerns Biergeschichte mit einer Flut an Gegenbeispielen aufwarten kann. Man darf nur nicht den Fehler machen, weiter als bis zum Ende des Ersten Weltkriegs zurückzublicken. Denn davor ließ die Obrigkeit für Weibsbilder wie Maria Weinzierl, die, weil kinderlos, 1878 alleinige Besitzerin einer Dorfbrauerei geworden war, nur das folgende Schlupfloch zu. Weinzierl suchte sich einen vertrauensvollen Mittelsmann. 1880 verkaufte sie ihm ihre Brauerei. Aber nur, damit er sie wie versprochen weiterverkaufte. An ihren Zukünftigen, ihren neuen Gatten. Der brachte sie mit in die Ehe ein. Eine Frau als Unternehmer, das durfte nicht sein. Der totale Wahnsinn!

Privatbrauerei Stöttner heißt die im Dörfchen Pfaffenberg und damit weit hinten in der niederbayerischen Provinz versteckte Sudstätte heute. Liebend gern nimmt man die lange Fahrt in Kauf. Denn zu seinem Einstand in vierter Generation kreierte Andreas Stöttner 1990 ein Weißbier, das, weil es halt nur in einem Umkreis von 25 Kilometern zu bekommen ist, schon so manchen Münchner in einen Heulkrampf getrieben hat. Erste Sensation: Die Pfaffenberger Original Weisse zählt zu den wenigen Prickelbieren, von denen man nicht ständig aufstoßen muss.

Die zweite Sensation ist ihre akribisch und detailliert modellierte Aromatik. Man stelle sich ein Gemälde vor. Niveau: Staatsgalerie. Von einem Meister des Stilllebens. Motiv: eine Schüssel Fruchtsalat. Banane, Kiwi, Pfirsich, Litschi, Mango, Ananas. Erst vor ein paar Minuten frisch aufgeschnitten. Saftig. Grobstückig. Und nicht wie bei so vielen anderen Weizen zu einem Mus verquirlt. Schade nur: Zwar enthält auch das Pfaffenberger wie alle Weißbiere viel Vitamin B, den täglichen Biss in einen realen Apfel kann es aber nicht ersetzen.

Adresse Privatbrauerei Stöttner, Marktplatz 9, 84066 Mallersdorf-Pfaffenberg, Tel. 08772/96080, www.stoettner.de | **Bierprofil** Helles, Pils, Festbier, Export, Dunkles, helles, dunkles und leichtes Weizen; saisonal: Spezial-Weißbier Nr. 9, Weizenbock, Doppelbock, unregelmäßig Sondersude | **Öffnungszeiten** Direktverkauf mit Verkostungs-Bar und Foodtrucks, Lindharter Weg 1, 84066 Mallersdorf-Pfaffenberg, Mo–Sa 9–22 Uhr; Brauereigasthof, Marktplatz 7, 84066 Mallersdorf-Pfaffenberg, Tel. 08772/5102, www.stoettner-treff.de, Mo–Fr ab 15 Uhr, Sa, So, Feiertage ab 10 Uhr | **Tipp** Nur wenige Kilometer nordöstlich von Pfaffenberg liegt Langquaid. Dort sorgt die junge, winzige Pillmeier Bräu dafür, dass der Marktfleck wieder sein eigenes Bier hat.

67_Dolden Sommer Sud

Allem Anfang wohnt der Emmer inne

Die 1980er waren das Jahrzehnt, in dem Industriebrauereien Bayerns Bierlandschaft buchstäblich auszutrocknen begannen. Und in dem eines der schönsten Biotope des Freistaats sinnlos geopfert wurde. Obwohl Verkehrsminister Volker Hauff den Rhein-Main-Donau-Kanal als »so ziemlich das dümmste Projekt seit dem Turmbau zu Babel« gebrandmarkt hatte. Es ist kein Zufall, dass sich ausgerechnet im Städtchen Riedenburg, wo der Eingriff in das bis dato idyllische Altmühltal am gravierendsten ausfiel, eine Brauerei zu einem radikalen Schritt entschied. Weil Bio-Braugetreide und Bio-Hopfen damals allerdings noch fast so selten wie ein Sechser im Lotto waren, konnte das Riedenburger Brauhaus ihn erst 1992 umsetzen. Ihr Emmerbier mundete der Öko-Szene so gut, dass es Kult wurde. Trotz oder wegen seines kratzigen, disharmonischen Geschmacks.

Emmer, eine Urform des Weizens, stand der Menschheit bereits vor 10.000 Jahren zur Seite. Es findet sich auch in einem weiteren Kultbier aus dem geschändeten Altmühltal. Noch vor dem offiziellen Eintritt Maximilian Kriegers in achter Generation verblüffte das Riedenburger Brauhaus mit seiner so charmanten wie charakterstarken Interpretation eines vor Fruchtaromen nur so strotzenden, für die USA typischen India Pale Ales. Von diesem 6,5 Prozent starken Dolden Sud leitete er ein 4,2 Prozent leichtes Sommerbier ab. Und genau das schenken wir uns jetzt ein. In einem öffentlichen Park. Warum ausgerechnet dort?

Weil sich ungelogen alle, die dort picknicken, zu uns hindrehen werden. Der Dolden Sommer Sud duftet so intensiv nach Orange und Zitrus, dass er die Umgebung aufs Angenehmste parfümiert. Oft kopiert, ist das auch im Mund toll aromatische, dort aber unaufdringliche Nass das eindrucksvollste der speziell für Tage über 25 Grad Celsius gebrauten, extrovertiert anderen Geschmackswunder aus Bayern. Ganz ohne Tricks! Streng nach dem Reinheitsgebot!

Adresse Riedenburger Brauhaus Michael Krieger, Hammerweg 5, 93339 Riedenburg, Tel. 09442/99160, www.riedenburger.de | **Bierprofil** klassisches Vollsortiment, Emmer-, Einkorn-, Hirse-, 5-Korn-Bier, diverse Craft-Biere, saisonal unter anderem: Dolden Sommer Sud (Pale Ale) – alle in Bio-Qualität | **Öffnungszeiten** Direktverkauf Mo–Sa 8–18 Uhr, Brauereibiergarten April–Okt. Fr ab 15 Uhr, Sa, So, Feiertage ab 11 Uhr | **Tipp** Ein Jahr nach dem Riedenburger Brauhaus vollendete 1995 die Neumarkter Lammsbräu aus Neumarkt in der Oberpfalz als zweite bayerische Sudstätte die Komplettumstellung auf Bio.

68 Karmeliten Festbier

Volkskunst der Maßlosigkeit

»Man muss die Feste feiern, wie sie fallen«, polterte 1865 ein Berliner Volksdichter. Oh, diese Preußen! »Des werd nix Gscheids ned«, hätte es ihm aus dem Gäuboden entgegenschallen sollen, jener fruchtbaren Region in Niederbayern, die sich auf den Exzess so gut versteht wie keine andere. Partys könnt ihr so vielleicht zustande bringen. Aber keine Volksfestkultur!

Ein saisonaler Gerstentrunk der Straubinger Karmeliten Brauerei ist wie dafür gemacht, zwischen zwei Schlucken den Wachstumsschüben nachzuspüren, die den bayerischen Bierzeltkosmos einst geformt haben. Er hört auf den Namen Festbier und symbolisiert eine im 19. Jahrhundert eingeführte, streng rituelle, grenzenlos rustikale Maßlosigkeit, da er neben dem Straubinger Gäubodenvolksfest auch in zig kleinen Dörfern zum Zweck der zügigen Enthemmung zum Einsatz kommt. Dem Gaumen präsentiert er sich als Ideal eines malzigen, süffigen Märzens. Ordentliche 5,5 Prozent. Rinnt, rinnt und rinnt.

Etliches ließ sich König Max I. Joseph damals einfallen, um seine Landeskinder auf eine gemeinsame bayerische Identität einzuschwören. Zum Beispiel strukturierte er die althergebrachten Vieh- und Festmärkte neu, die nach der Getreideernte abgehalten wurden. Für Oberbayern rief er das zentrale Oktoberfest und 1812 für Niederbayern das Gäubodenvolksfest ins Leben. Es ist alles andere als ein Zufall, wie exakt er beide mit einem Eckdatum des Bierkalenders verzahnte. Gebraut werden durfte damals nur vom 29. September bis zum 24. April. Damit den Sommer über niemand Durst leiden musste, lagerte man im März eine stärkere Sorte ein: das Märzen. Dank beider Großfeste war garantiert, dass die Vorratskeller zum Start des neuen Braujahrs wieder frei waren. 1949 wurde das Gäubodenvolksfest auf sein jetziges Datum vorverlegt, die zweite Augusthälfte. Macht Sinn, da dank der Mechanisierung die Ernte heutzutage dann schon eingefahren ist.

Adresse Karmeliten Brauerei Karl Sturm, Senefelderstraße 21, 94315 Straubing, Tel. 09421/78190, www.karmeliten-brauerei.de | **Bierprofil** Helles, Export, Pils, Dunkles, helles und dunkles Weizen; saisonal: Festbier, Doppelbock, Weizendoppelbock | **Öffnungszeiten** Brauereibesichtigung siehe Website | **Tipp** Nach alter Klostertradition reift die Karmeliten Brauerei einmal im Jahr ein Luxusbier, wie es einst den Äbten und ihren hochwohlgeborenen Gästen vorbehalten war. Mit einem Preis zwischen 30 und 80 Euro ist das auf 200 Flaschen limitierte Impendium eines der teuersten Biere aus Bayern, seine Rezeptur variiert von Jahr zu Jahr.

69_Straubinger Weisse Original

Die Aromatik, die jeder begehrt

Nichts geht Historikern so schwer über die Lippen wie der Satz: Man weiß es nicht. Weshalb sie sich darauf verständigt haben, in der Ausnahmegenehmigung, die der bayerische Herzog 1548 den Herren von Degenberg ausstellte, die Geburtsurkunde des Weißbiers zu sehen. 32 Jahre zuvor war für ganz Bayern verboten worden, Weizen zu vermälzen, aus dem sich ja auch Brot herstellen ließ. Im Gegensatz zur Gerste. Wirklich logisch ist das alles nicht. Denn das Territorium der Degenberger lag im für den Weizenanbau ungeeigneten Bayerischen Wald. Nur ein paar Kilometer weiter hingegen, am anderen Donauufer: die perfekten Böden des Gäubodens. Jeden Sommer dasselbe Bild: Männer, die in den Scheunen von Straubing Weizengarben wuchten, jeden Zentimeter Platz nutzen und trotzdem die letzten Fuhren nicht mehr unterbringen.

1900 zählte Straubing zehn Brauereien. Nur zwei von ihnen sind den stets durstigen Einwohnern geblieben. Da wäre die gut 650 Jahre alte Karmeliten Brauerei. Und die seit 1881 bestehende Röhrlbräu, die die Tradition einer ab 1431 vom Kloster Metten betriebenen, Anfang des 19. Jahrhunderts säkularisierten Gasthausbrauerei fortsetzt. Ihr Weißbier nährt den Verdacht, dass die Straubinger nicht erst seit der Umwandlung des Verbots von 1516 in ein Staatsmonopol 1602, sondern bereits seit der Stadtgründung Erfahrung in der Verarbeitung des Edelgetreides zu Bier gesammelt haben. Wie sonst könnte es seinen wahren Charakter so gekonnt in der Schwebe halten?

Ist die Straubinger Weisse Original nun süß oder säuerlich? Oder beides? Hefig oder herb? Fruchtig oder mürbe? Gemäß dem von Georges Elgozy, einem vergessenen Schriftsteller, geprägten Motto: »Nichts ist schwieriger als das Vereinfachen«, bringt der karamellgelbe Meistertrunk das Kunstwerk fertig, dass jeder genau die Aromatik findet, die er begehrt.

Adresse Brauerei Röhrl, Heerstraße 13, 94315 Straubing, Tel. 09421/99370, www.röhrlbräu.com | **Bierprofil** Helles, Pils, Export, Dunkles, helles, naturtrübes, dunkles und leichtes Weizen; saisonal: Festbier, Winterbier, Sommerweizen | **Öffnungszeiten** Gasthaus Das Röhrl, Theresienplatz 36, 94315 Straubing, Tel. 09421/9696857, www.das-roehrl.de, täglich ab 9 Uhr | **Tipp** Dank dem 2010 gegründeten Kleinen Brauhaus, dessen Ausstoß seinem Namen alle Ehre macht, hat Straubing heute wieder drei Brauereien – immerhin!

70__Josef Groll Pils

Kavalier alter Schule

»Es gibt wohl selten eine größere Diskrepanz zwischen dem Bekanntheitsgrad eines Produktes und der Unbekanntheit seines Schöpfers.« Mit diesem Satz eröffnet der niederbayerische Heimatpfleger Rudolf Drasch die einzige Biografie, die bis dato über jenen Mann geschrieben wurde, der am 5. Oktober 1842 die Bierwelt in eine neue Ära katapultierte. Josef Groll, 1813 in Vilshofen geboren, erfand an diesem Tag jenes Nass, das heute drei Viertel der globalen Bierproduktion ausmacht, obwohl doch um die 6.000 Sorten zur Auswahl stehen. Das von ihm für das Ur-Pils benutzte Behältnis wird am Ort des Geschehens, der Brauerei Plzeňský Prazdroj drüben in Pilsen, wie ein Heiliger Gral inszeniert.

Groll dürfte den entscheidenden Kniff, den Einsatz einer untergärigen Hefe, bei seinem Vater gelernt haben. Damals beherrschten ihn nur wenige. Aber zur Brauerei der Familie gehörte halt auch ein unterirdisches Stollensystem, in dem es von Natur aus ganzjährig acht Grad Celsius kalt war. Das ist exakt die Temperatur, die auch alle Lagerbiere, die dem Pilsner Vorbild folgten und ab 1842 ihren Siegeszug starteten – Helles, Märzen, Export et cetera –, beim Vergären benötigen. Die Groll'sche Familienbrauerei ging später über Umwege in der Brauerei Wolferstetter auf. Dass die letzte Sudstätte Vilshofens ihr Pils nach dem großen Sohn der Stadt benannt hat: Ehrensache!

Übrigens: Heute unterteilt sich das Bier Pilsner Art in zwei Kategorien. Ein deutsches Pils ist schlank, trocken, ja bisweilen kantig, es muss gebissen werden, damit es durch die enge Kehle passt. Ein böhmisches Pils hingegen ist vollmundig und weich, verhält sich wie ein Kavalier alter Schule. Allerdings hat es auch einen Stich. Weshalb die Brauerei Wolferstetter gut beraten war, einen Sonderweg zu gehen. Ein böhmisches. Aber ohne Diacetyl. Denn das Aroma ranziger Butter gilt in Bayern als der schlimmste Fehler, der einem Brauer unterlaufen kann.

Adresse Brauerei Wolferstetter Georg Huber, Bürg 26/Am Hösamerfeld 2, 94474 Vilshofen, Tel. 08541/5880, www.wolferstetter-brauerei.de | **Bierprofil** Pils, Helles, Lager, Export, Leichtbier, Dunkles, helles und dunkles Weizen; saisonal: Festbier, Doppelbock, Weizenbock, Winterbier | **Öffnungszeiten** Gasthof Zum Wolferstetter Bräu, Stadtplatz 14, 94474 Vilshofen, Tel. 08541/967935, www.gasthof-wolferstetterbräu.de, täglich ab 10 Uhr | **Tipp** Um in den Genuss eines echt böhmischen Pils zu kommen, muss man seit der Internationalisierung von Pilsner Urquell eine tschechische Kleinbrauerei aufsuchen. Auf www.pivnici.cz sind alle gut 400 auf einer Karte eingetragen. Wichtig: Pils heißt in Böhmen »12° Světlý Ležák«.

71_Barock Dunkel

Den Frommen darf man alles glauben

Es stimmt schon, was die Leute sagen: Genau dort, wo sich die Donau durch ein Nadelöhr zwängt, liegt ein Ausflugsparadies, wie es der Herrgott nicht schöner hätte modellieren können. Am Ende eines fünf Kilometer langen Flussabschnitts, der von bis zu 80 Meter hohen Felswänden flankiert wird. Wanderer lassen sich von einer schnuckeligen Fähre herüberbringen. Zum Sonnenbaden auf der Kiesbank. Mutige stürzen sich in die Fluten. In ihrem Rücken: der Tordurchlass in das Schatzkästlein Niederbayerns, den Hof der Abtei Weltenburg, die von sich behauptet, dass man dort das weltweit beste Dunkle ausschenkt – entstanden unter der Regie von Mönchen in der ältesten Klosterbrauerei der Welt.

Da trägt der zu Demut angehaltene Benediktinerorden ganz schön dick auf! Aber natürlich stimmt, was die Mönche sagen: Ihr nach Sonntagnachmittag duftendes, mit belebenden Kaffeearomen gesegnetes Dunkles holte beim World Beer Cup dreimal die Goldmedaille nach Bayern. Weil die Klosterbrüder allerdings auf ihrer Website geflissentlich verschweigen, dass von ihren sechs Sorten nur zwei – das Dunkle und der Asam Bock – bei ihnen am Donauknie entstehen, legt sich ein erster Schatten übers Paradies. Die übrigen vier werden von der Brauerei Bischofshof in Regensburg produziert. Zumindest auf den Flaschen ist das auch so deklariert. Vor Ort fehlt es an Platz, um die Brauerei entsprechend zu erweitern.

Nein, es stimmt nicht, dass ein Ausflug nach Weltenburg die reinste Freude ist. Bei Biergartenwetter kann die Sonne nicht mehr bis aufs Pflaster vordringen, so dicht stehen sich die Leute gegenseitig auf den Füßen herum. Und auch der Altersrekord ist wohl geflunkert. Er basiert auf dem Glauben, dass jene Urkunde, die 1040 als Gründungsjahr der Brauerei des Klosters Weihenstephan nennt, eine Fälschung ist, diejenige, die für Weltenburg 1050 angibt, aber nicht. Trinken wir es halt daheim – dieses toll charakterstarke Dunkle. Passt ideal zu Schweinsbraten und Sonntagskuchen.

Adresse Kloster Weltenburg, Asamstraße 32, 93309 Kelheim-Weltenburg; die Klosterbrauerei hat ihre offizielle Adresse in Regensburg, www.weltenburger.de | **Bierprofil** in Weltenburg gebraut: Barock Dunkel, Asam Bock; in Regensburg gebraut: Helles, Pils, Märzen, Winterbier | **Öffnungszeiten** Brauereiführung in Weltenburg April–Okt. Sa, So 11, 12.30, 14 und 15.30 Uhr; Klosterschenke mit Biergarten, Tel. 09441/67570, www.klosterschenke-weltenburg.de, im Sommer täglich 9.30 – 19 Uhr, im Winter Sa, So 11 – 17 Uhr | **Tipp** Auf halbem Weg nach Regensburg, in Bad Abbach, bietet das Gasthaus der kleinen Brauerei Berghammer jene urige niederbayerische Gemütlichkeit, die man in Weltenburg vermisst.

72__27er Urtyp Helles Zoigl

Zwei Welten in einem Glas

Mit sechs Brauereien auf 42.000 Einwohner hätte Amberg gute Argumente, sich als die wahre Hauptstadt der Braukunst zu feiern. Bruckmüller, der Platzhirsch. Kummert, mit dem schönsten Biergarten der Stadt. Winkler. Sterk. Sudhang. Schloderer Bräu, erst 1998 gegründet. Nirgendwo in Altbayern werden mehr Sudstätten betrieben. Außer in München, wo sich allerdings gut 1,4 Millionen Menschen gegenseitig auf den Füßen stehen. Dort dampft es in etwa dreimal so vielen. Hängt Amberg seinen Rekord nicht an die große Glocke, weil zu viele Tagestouristen dann den Einheimischen alles wegtrinken würden?

Auch wenn die Gaststätte Zum Kummert Bräu abseits der schmucken Altstadt liegt, empfiehlt es sich, dort einer viel wichtigeren Frage auf den Grund zu gehen: Wie kam es, dass Ambergs Schluckspechte ihren Brauern nie den Rücken gekehrt, sich nie den leeren Glücksversprechen der austauschbaren Fernsehbiere hingegeben haben? Die urige Braugaststätte ist die Keimzelle der gleichnamigen, 1927 ein Grundstück weiter gegründeten Produktionsstätte exquisit bodenständiger Flüssigleckerlis. Für den ganz großen Wurf hat man sich freilich ein Ungetüm von Namen einfallen lassen, 27er Urtyp Helles Zoigl, der zu einem Viertel fehlerhaft ist. Denn das Wort Zoigl steht für Biere, die in einem Kommun-, einem Gemeinschaftsbrauhaus entstehen. Egal, denn halb Bayern verwendet es als Synonym für Zwickel – für eine Probe, die sich der Braumeister mit dem Zwickelhahn aus dem Reifetank zapft. Beziehungsweise für naturbelassenes Bier. Übersetzen wir jetzt das Namensungetüm, ist dem Gaumen sofort klar, dass ihm hier ein besonders akribisch komponierter Erfrischer kredenzt wird: ein trendverdächtig spritziges Helles. Aber mit einer komplexen Aromatik, da man ja die Trübstoffe nicht herausgefiltert hat. Eine Melange des Besten zweier Welten, die schon im Jahr der Brauereigründung einen geglückten Rausch versprochen hat.

Adresse Brauerei Kummert, Raigeringer Straße 11–15, 92224 Amberg, Tel. 09621/13232, www.brauerei-kummert.de | Bierprofil Helles, Pils, Leichtbier; helles, dunkles und leichtes Weizen; saisonal: Festbier; besonders empfehlenswert ist die Serie »Bierspezialitäten«: helles und dunkles naturtrübes »Zoigl«, Weißbier, Vollbier; saisonal: Festbier und Bock | Öffnungszeiten Getränkemarkt Mo–Fr 9–18 Uhr, Sa 8.30–13 Uhr; Braugasthaus, www.zumkummertbraeu.de, Mi–Sa ab 17 Uhr, So 10–14.30 Uhr | Tipp Um Amberg in seiner ganzen Biervielfalt kennenzulernen, empfiehlt sich ein Besuch des Bergfests, das eigentlich eine Wallfahrt ist und jedes Jahr um den 2. Juli (Mariä Heimsuchung) auf dem Mariahilfberg stattfindet. Es gibt unendlich viel Bier – aber keine Musik.

73 Naturtrübes Hefe Weissbier

Die wahrscheinlich leckerste Banane der Welt

Wo auch immer sie den Handwerkermangel temporär abmildern: Man erkennt sie sofort. An ihrem Dialekt. Sie sprechen die weltweit einzige Sprache, die mit nur zwei Grundlauten auskommt, einem kehligen »oouu« und einem gebellten »aa«. Das zweite Merkmal der Oberpfälzer Monteurtrupps: Nur selten gehen sie ins Wirtshaus. Speziell im Großraum München. Denn das dortige Bier ist ihrer Meinung nach nicht trinkbar. Weshalb sie ihr eigenes dabeihaben. Jenes Weizen, das die am Fuß des Oberpfälzer Walds versteckte Brauerei Jacob als »das wahrscheinlich beste der Welt« bezeichnet.

Bei einem hellen Weizenbier ist immer die obergärige Hefe der Hauptakteur, denn sie produziert neben Alkohol auch größere Mengen Ester. Diese beiden chemischen Verbindungen sind der Grund, weshalb sich der Gaumen bei seinem ersten Kontakt mit einem Weizen aus Bodenwöhr in einem Obstladen zu befinden glaubt, dessen Inhaber viel zu viele Bananen geordert hat und jetzt auf einem Berg an überreifen Früchten sitzt. Als das Ende des 19. Jahrhunderts beinahe ausgestorbene Weissbier in den 1960er Jahren seine Renaissance erlebte, war eine ausgeprägte Bananenaromatik Usus. Ein Qualitätsmerkmal – das in den folgenden Jahrzehnten mehr und mehr einem nebulösen Dies-und-das gewichen ist. Die Brauerei Jacob hingegen hat am ursprünglichen, opulenten Geschmacksprofil festgehalten. Stur und dickschädelig, wie der Oberpfälzer nun einmal ist …

Seine extrovertierte Fruchtigkeit ist freilich nicht der einzige Grund, weshalb dem Oberpfälzer Handwerker das Weizen aus dem einst um eine Eisenhütte herum entstandenen Bodenwöhr heilig ist. Die ständig schweißgebadeten Knechte der Schmelzöfen maulten gegenüber ihrem Fürsten, dass sie etwas Besseres verdient hätten als jene Plörre, die man von weit her herankarren musste. So vehement, dass sie sich 1578 die heutige Brauerei Jacob gönnen durften.

Adresse Familienbrauerei Jacob, Ludwigsheide 2, 92439 Bodenwöhr, Tel. 09434/94100, www.brauerei-jacob.de | **Bierprofil** helles, dunkles, leichtes Weizen, Kristallweizen, Helles, Export, Pils, Dunkles; saisonal: Winterweizen und -lager, Weizenbock, Bock | **Öffnungszeiten** Direktverkauf Mo–Fr 7–12 und 13–18 Uhr, Sa 7–12 Uhr; Braugasthaus täglich ab 7 Uhr | **Tipp** Nur weil sie keine Website hat, wird der Fortbestand der quicklebendigen Privatbrauerei Drexler aus Roding immer wieder angezweifelt.

74 Märzen

Franken, so schmeckst du uns!

Das kleine Deuerling, das sich keine zehn Kilometer westlich von Regensburg in das Tal der Schwarzen Laber abduckt, mag uns heute als ein abgeschiedenes Provinznest vorkommen. Am tiefsten Punkt des Dorfs, wo seit Urzeiten eine Brücke das Flüsschen quert, wecken die drallen Dimensionen des Brauereigasthofs Goss den Verdacht, dass dem nicht immer so war.

Äußerlich ist das in den 1960er und 1970er Jahren mit grober Hand überarbeitete Anwesen alles andere als eine Augenweide – und auch in der Gaststube scheint die Zeit seit einem halben Jahrhundert stillzustehen. Gut so, denn wer den legendären kulinarischen Ruf vernommen hat und sich deshalb für Samstag- oder Sonntagmittag einen Platz reserviert, darf sich darauf freuen, in jene Epoche zurückzukehren, in der man den Gast noch nicht mit Gemüse beleidigen wollte. Die Spezialität des Hauses: Schäufele – gebratene, butterzarte Schweineschulter am Knochen – mit selbst gedrehten Klößen. Typisch für die fränkische Küchenkultur. Dazu bekommt man das hausgebraute Märzen hingestellt, das ebenfalls den Vorlieben der Franken entspricht: würzig statt süß.

Als sich Wolfgang Salzhuber, der Wirt des damals bereits uralten Gasthauses, 1844 um die Genehmigung bemühte, sein Bier fortan selbst brauen zu dürfen, lag Deuerling an einer der Schlagadern Europas, der Fernstraße von Nürnberg nach Regensburg. Zu dieser Zeit war nicht die Hallertau, sondern das Nürnberger Umland Deutschlands wichtigstes Hopfenanbaugebiet. Im Frachtgut der Fuhrleute die Wurzel des Hangs zur hopfenlastigen fränkischen Brauart zu vermuten ist naheliegend. Salzhuber durfte allerdings erst 1863 mit dem Brauen beginnen. Da hatte eine Bahnstrecke den regen Durchgangsverkehr bereits zum Erliegen gebracht. Proteste umliegender Brauer hatten dazu geführt, dass sein erstes Gesuch abgeschmettert worden war. 1877 übernahm die Familie Goss Sudhaus und Wirtsstube.

Adresse Brauerei Josef Goss, Regensburger Straße 16, 93180 Deuerling, Tel. 09498/1512, www.brauerei-goss.de | Bierprofil Helles, Märzen, Pils; saisonal: Bock | Öffnungszeiten Braugasthaus täglich außer Di ab 9.30 Uhr | Tipp Im nahen Kallmünz brauen das Wirtshaus Zum Bürstenbinder und der Gasthof Zum Goldenen Löwen ihr eigenes Bier.

75__Eichhofener Helles Lager

Mit dem Körper einer Ballerina

Liegt es an der schroff romantischen Landschaft, durch die die Schwarze Laber dahinmäandert? Oder an der Patina vergangener Jahrhunderte, die den Augen schmeichelt? »Gottes Segen bei deinem Eingang«, heißt es auf der Toreinfahrt nach Eichhofen, einem Dorf 15 Kilometer östlich von Regensburg, das aus nicht mehr als einem Schloss und ein paar beiläufig dahingestreuselten Nebengebäuden besteht. Wer das von bizarren Felsformationen gesäumte Flusstal noch nicht in Richtung Braugasthaus entlanggewandert ist, sollte dessen Sommerterrasse ganz oben auf seine Ausflugsliste setzen. Wohl wissend, dass man vor Ort für den legendär komplexen Doppelbock Eichator zu satt an Eindrücken ist. Wie auch für den zweiten Trunk, für den die auf ein Alter von 700 Jahren geschätzte Brauerei berühmt ist: das mit Aromadolden nachgewürzte, unfiltrierte Sommerbier, das auf den schönen Namen Hopfengarten hört.

Es heißt, der Bierstil Helles wurde erfunden, damit man im Wirtshaus nicht beim Karteln gestört wird, wenn man zum Bier greift. Denn ein Helles lässt sich so beiläufig schlucken, dass man gar nichts davon mitbekommt. In Wirklichkeit war die glanzfein filtrierte Blondine anfangs ausschließlich zum Export in saupreußische Gefilde vorgesehen. Und für die dort Ansässigen, so fand man, war ein echt Bayerisches nun wirklich zu schade. Einfach. Schnörkellos. Genau das Richtige für einen Tag, an dem die Sinnesorgane bitten, von weiteren Überforderungen abzusehen.

Das Helle, das die Schlossbrauerei Eichhofen dem für diese Sorte gänzlich ungeeigneten Wasser des Oberpfälzer Jura abringt, ist kein Trunk wie aus dem Lehrbuch. Sondern eine echte Entdeckung. Typisch wäre, dass sich ein gertenschlanker Malzkörper und ein Hauch von Bitterkeit die Waage halten. Beim Eichhofener aber nimmt der Gaumen einen Ausschlag wahr. Aufseiten des Malzes. Fast schon ein Märzen. Aber mit dem Körper einer Ballerina.

Adresse Schlossbrauerei Eichhofen, Von-Rosenbusch-Straße 8, 93152 Nittendorf-Eichhofen, Tel. 09404/95450, www.eichhofener.de | **Bierprofil** Die schlicht Helles genannte Sorte aus der 0,5-Liter-Flasche und das in 0,33 Liter portionierte Eichhofener Helle Lager sind identisch; Pils, Leichtbier, Dunkles; saisonal: Festbier, Sommerbier, Doppelbock | **Öffnungszeiten** Brauereigasthof: Tel. 09404/1662, Do, Fr ab 17 Uhr, Sa, So, Feiertage ab 11 Uhr | **Tipp** Unbedingt empfehlenswert ist der Besuch der 1617 gegründeten Brauerei Plank – beziehungsweise ihres schnörkelfreien Bräustüberls – im nahen Laaber.

76__Echter Zoigl

Der ungekrönte König des Wohlgeschmacks

In den letzten Widerstandsnestern der Oberpfalz, in denen sich alteingesessene Wirtsfamilien feierlich geschworen haben, ihre Zapfhähne auf alle Zeit gegen die Bequemlichkeitsversprechen großer und kleiner Brauereien zu verteidigen, hat eine Website den vors Haus gehängten sechszackigen Stern ersetzt: www.zoiglbier.de. Beziehungsweise seine Funktion, den Durstigen anzuzeigen, wer gerade mit Ausschank an der Reihe ist. Das ist aber auch das Einzige, was sich in den rund 550 Jahren geändert hat, in denen dort der ultimative Wohlgeschmack gezapft wird, das Bier aller Biere: der echte Zoigl.

Klimatisch benachteiligt, nur halbwegs für die Landwirtschaft geeignet. Weil es weite Teile der Oberpfalz ihren Landesherren ganz schön schwer machten, dort Untertanen anzusiedeln, erfanden sie im 15. Jahrhundert ein wirtschaftliches Aufbauprogramm. Sein Hebel: das Privileg, Bier selbst brauen zu dürfen, anstatt es, wie sonst üblich, den Hochwohlgeborenen teuer abkaufen zu müssen. 1467 kam er in Falkenberg zur Anwendung. Seither steht dort das Brauhaus, das bis dahin die über ihm aufragende Burg versorgte, allen zur Verfügung, die entweder nur ihr angestammtes Recht oder auch dessen spätere Erweiterung wahrnehmen wollen, das Erzeugte reihum bei sich zu Hause feilzubieten.

Bewohner aus 29 der 90 privilegierten Häuser nutzen das Kommunbrauhaus aktuell. Drei von ihnen, der Wolfadl, der Schwoazhansl und der Kramer Wolf, auch für einen temporären Ausschank. Letzterer gilt nicht allein wegen seines sensationell urigen, bei jedem Sud einen Tick anders mundenden Bauernbiers als der ungekrönte König aller Oberpfälzer Zoigl-Wirte. Wer sich auf eine Portion Schlachtplatte beim Kramer Wolf in die Stube setzt, ist nach alter Sitte kein Gast. Er wird als Teil der Familie betrachtet. Wenn Sie ein Kind dabeihaben: Bitte nicht wundern, sollte es mit dem Knirps des Hauses in dessen Zimmer verschwinden.

Adresse Zoigl Kramer Wolf, Tirschenreuther Straße 4, 95685 Falkenberg, Tel. 09637/328, www.zoigl-kramer-wolf.de, Schwoazhansl: www.schwoazhansl-zoigl.de; Wolfadl: www.wolfadl-zoigl.de | Bierprofil echter Zoigl nach Saison | Öffnungszeiten Ausschanktermine auf www.zoiglbier.de | Tipp In der südlichen Zoigl-Hochburg Eslarn gibt es derzeit leider nur einen Zoigl-Wirt: Beim Strehern.

77 Kirwakult

Bärenstark seit 1419

Berechtigte Fragen in einem Dialekt beantworten, der enger mit den slawischen Sprachen als mit dem Bayerischen verwandt ist. Wenn überhaupt. Freimberch sagen, aber Freudenberg meinen. In der bayerischen Terra incognita, dem westlichen Teil der Oberpfalz, wissen die Menschen genau, was passiert, wenn sie – gar von den Münchnern – als Ausflugsziel entdeckt werden. Nichts Gutes! Deshalb hat man die Strategie der Abschreckung durch Verwirrung entwickelt. Sollen sie doch den Gesamtbestand eines preisgekrönten Festbiers abtransportieren. Aufgrund der falschen Annahme, es handele sich dabei um jenen sensationellen Trunk, den die Brauerei Alwin Märkl anlässlich der legendären Kirchweih zum Anstich freigibt. Haha! Mitgenommen haben sie sein feines Weihnachtsbier.

Das hochdeutsche Wort Eber liefert den richtigen Hinweis, weshalb sich beim sogenannten Bärentreiben (Ebertreiben), dem dritten Tag der Freudenberger Kirwa, ein verkleideter Bursch gegenüber seinen Mitbürgern wie ein Schwein aufführen muss. Von acht Uhr früh bis acht Uhr abends treiben ihn seine Altersgenossen durch den Ort. 1949 dachte sich ein Fotograf, er könne ein paar Mark verdienen, wenn er den Leuten anbot, sich in einem von ihm mitgebrachten Eisbärenkostüm ablichten zu lassen. Erst dadurch wurde der bis dahin als Esel gewandete Teenager zum Zotteltier. Der erste Nachweis des räudigen Brauchs stammt übrigens aus dem Jahr 1419.

Fast so alt ist auch die Brauerei, die auf Wunsch der Kerwaburschen die bayerische Konvention über den Haufen geworfen hat, dass ein Festbier hell aus dem Maßkrug herauszuleuchten hat. Alwin Märkl, der die seit 1466 nachweisbare Sudstätte 1990 von seinen Eltern übernahm, kreierte für sie ein fruchtiges, gefährlich süffiges Dunkles, das meterweit nach Röstmalz duftet, im Abgang aber böse mit einer bärenstarken Bittere zuschlägt, der sich nur Herr werden lässt, indem man noch einmal dasselbe bestellt.

Adresse Privatbrauerei Alwin Märkl, Hauptstraße 11, 92272 Freudenberg, Tel. 09627/91240, www.freudenberger-bier.de | Bierprofil Helles, Pils, Dunkles, helles und leichtes Weizen; saisonal: Kirwakult, Festbier, Maibock, Doppelbock | Öffnungszeiten Direktverkauf Mo–Fr 8–12 und 13–17 Uhr, Sa 8–12 Uhr; Freudenberger Kirwa: zweites Wochenende im September, Bärentreiben am Montag | Tipp In der Oberpfälzer Bierstadt Neumarkt sind die Gansbräu und das Bräustübl der Glossner-Bräu einen Ausflug wert.

78_Weihnachts- / Fastenbock

Willkommen bei den Starkbier-Zwillingen

Wenn Bierfreaks zu später Stunde beisammensitzen, dann passiert es. Das Gespräch rutscht in Tiefen ab, die sich mit dem Potenzial des menschlichen Gaumens nicht mehr ausleuchten lassen. Kann man beispielsweise den Charakter eines Brauers aus seinen Bieren herausschmecken?

Ja, das funktioniert! Allerdings nur, wenn man zum Beispiel weiß, dass Franz Dorfner dunkle Bockbiere nicht mag, helle dafür umso mehr. Denn dann erklärt sich wie von selbst, weshalb sich die von ihm geführte Schlossbrauerei Hirschau der traditionellen Starkbierabfolge hell (November), dunkel (Dezember), dunkel (Fastenzeit) und wieder hell (Ausklang der Fastenzeit) widersetzt. Dorfners 1812 aus dem Kommunbrauhaus des namensgebenden Städtchens hervorgegangenen, 1817 in ein verwaistes Schloss übergesiedelten Familienbetrieb verlassen lediglich zwei helle Exemplare. Eigentlich sogar nur eines, denn der Weihnachts- und der Fastenbock sind identisch. Sanfte Biskuit- und Karamellnoten. Dann tauchen zarte Spuren von Apfel und grünen Früchten auf. Im Abgang übernehmen Sherrynoten. Die intensive Süße wird bei diesem starken Stück weder durch zu gut gemeinte Bitterwerte niedergerungen noch durch einen barocken Überschwang um weitere Geschmacksdimensionen erweitert. Offiziell 7,5 Prozent schwer, verkörpert die perfekt ausbalancierte, teuflisch leichtfüßige, gefährlich süffige Leckerei den Urtyp eines strohgelben, puristisch schlanken Hochkaräters.

Obwohl Franz Dorfner seit 40 Jahren am Braukessel steht, schmeckt keines seiner Biere nach dem Leerlauf der Routine. Das dürfte auch dem guten Gefühl geschuldet sein, dass es nach ihm weitergehen wird. Weil die Übergabe an die neunte Generation kurz bevorsteht, hat er investiert. In die Verkleinerung seines Sudhauses von 70 auf nur noch 20 Hektoliter. Merke: Im Brauhaus gilt dasselbe wie bei den Winzern. Weniger Quantität bringt mehr Qualität, und nur Klasse hat Zukunft.

Adresse Schlossbrauerei Hirschau, Mühlstraße 6, 92242 Hirschau, Tel. 09622/2212, www.schlossbrauerei-hirschau.de | Bierprofil Helles, Kellerbier, Pils, Export, Dunkles, Leichtbier, Weizen, Kristallweizen; saisonal: diverse Festbiere, Grünhopfen-Bier, Weihnachtsbock, Fastenbock; unregelmäßig Gourmet-Sondersude | Öffnungszeiten Direktverkauf April–Okt. Mo–Fr 7–18 Uhr, Sa 9–12 Uhr; Nov.–März nur Fr 7–18 Uhr; das benachbarte Schloß-Hotel Hirschau darf man gern als Braugaststätte betrachten, www.schloss-hirschau.de | Tipp Hirschau liegt an einer uralten, längst bedeutungslosen Handelsroute von Nürnberg nach Prag. Nächste Station Richtung Westen: Sulzbach-Rosenberg mit seinen drei kleinen Brauereien: Brauhaus Rosenberg, Fuchsbeck/Orth und Sperber.

79__Braumeister Zwickl

Grüße aus dem Lagerkeller

Beginnen wir diesen Ausflug in das Bierparadies Oberpfalz, das deutlich dichter als andere Regionen mit wahrlich feinen Sudstätten durchsetzt ist, einfach mal mit einem grandios schönen Wort: Malefiz. Man kennt es von einem Brettspiel. Und als Steilvorlage, wenn man über diesen Malefizbub, das liebe Söhnchen, das seine Hausaufgaben mal wieder in zehn Sekunden hinschlampt, einen Schwall an Verärgerung ausgießt.

Im Mittelalter fasste Malefiz Mord, Totschlag, Raub und Hexerei zusammen. Jene Verbrechen also, die zu schwer wogen, um in einer Hofmark verhandelt zu werden. Zum Beispiel in der Hofmark des tief in den Bayerischen Wald hineingetupften Dörfchens Loifling. Wer dort einen Zechpreller zu drei Tagen Pranger verurteilte, wollte sich und hoffentlich auch den bedauernswerten Delinquenten mit Bier versorgt wissen. Von der Hofmark Brauerei, die, einige Jahrhunderte später und von der Familie Cording in dritter und vierter Generation auf Kurs gehalten, ihre doch etwas nachteilige Lage durch einen beeindruckend hohen Takt an Innovationen zu kompensieren gewohnt ist. Als Bio, dann die Plopp-Flasche und schließlich das Lohnbrauen aufkamen: Vorreiter. Und in Sachen Geschmack? Da sowieso!

Gleich noch ein schönes Wort. Eines, das ganz besonders gut im Mund liegt, wenn man es sich im Brauereistüberl von Loifling auf die Zunge legt: Zwickl. Als Verb bezeichnet es das Highlight eines langen Brauerei-Arbeitstags. Gezwickelt wird im Lagerkeller, wo man den Zwickelhahn an einen Tank anschraubt, um ihm eine Probe zu entnehmen. Weshalb man Untergärige, die wie gezwickelt in die Flasche kommen – mitsamt Trübstoffen und Heferesten –, auch als Kellerbier bezeichnet. Auch bei diesem unlängst über Bayern geschwappten Trend holte sich die Hofmark Brauerei die Poleposition. Ihre Version: samtweich, spritzig, sensationell vollmundig und trotzdem federleicht. Und was ist mit süffig? Sowieso!

Adresse Hofmark Brauerei, Hofmarkstraße 15, 93455 Traitsching-Loifling, Tel. 09971/3301, www.hofmark.com | Bierprofil Helles, Export, Naturtrübes, Märzen, Dunkles, helles Weizen – teils in verschiedener Ausführung, diverse Craft-Biere; saisonal: Festbier und Bock, Sondersude | Öffnungszeiten Braugasthaus, Hofmarkstraße 29, 93455 Traitsching-Loifling, Tel. 09971/3363, www.zum-hofmark-braeu.com, Mi–Sa ab 17 Uhr, So, Feiertage 11.30–13.30 und ab 17 Uhr | Tipp Im nahen Furth im Wald führen Matthias und Martina Strauß die Tradition der Dimpfl Bräu fort, deren Wurzeln bis ins 17. Jahrhundert zurückreichen.

80_Communbräu-Zoigl

Gebraut, um Neid zu säen

Wenn sich Norbert Neugirg, Feuerwehrkapell'n-Spaßkommandant und letztes Original des einst von menschlichen Urviechern durchsetzten Nordostens Altbayerns, so seinen Reim auf seine Region macht, kommt Folgendes heraus: »Zoiglbier mit Herz gebraut, das Herz nicht vom Kommerz versaut, mit Herzblut und mit Muskelschmalz, das ist das Herz der Oberpfalz!«

Als Aushängeschild der »Schutz-Gemeinschaft Echter Zoigl« hat der Kabarettist dem durch seinen Entstehungsort, das Kommunbrauhaus, definierten Kultbier 2018 zu einem Platz auf der Liste des immateriellen Kulturerbes verholfen. Nicht erst seither füllen sich die Getränkemärkte mit Trittbrettfahren. Generell gilt: Wenn auf einer Halbliterflasche Zoigl steht, hält man etwas anderes in der Hand. Kein echter Zoigl-Brauer würde in so mickrige Behältnisse abfüllen.

Oder gibt es vielleicht doch eine Ausnahme?

Mitterteich anno 1516. Der an einer strategisch wichtigen Straße gelegene Ort erhält das Recht, ein Gemeinschaftsbrauhaus für alle Bürger einzurichten. Als es 1863 der heutigen Bahnhofstraße weichen muss, hat sich das benachbarte Wirtshaus, das Stammhaus der Brauerei Hösl, bereits ein eigenes Sudwerk zugelegt. Legitimieren diese Wurzeln, dass sich ein Trunk des Familienbetriebs, der sich auf dem Flaschenetikett hinter einer Briefkastenfirma versteckt, Communbräu-Zoigl nennt?

Würde das vollmundig würzige, naturtrübe Lager nicht wie ein Leuchtturm aus dem Meer der Flüssigkeiten herausragen, die in Deutschlands Getränkemärkten um Mitnahme betteln, die Sache wäre klar. Da man ihm aber mindestens eine Verwandtschaft zweiten Grades zugestehen muss, kann man den Zoigl-Hochstapler aber auch als Zoigl-Botschafter verstehen, der überall dort Neid weckt, wo das Original nicht präsent sein kann. Da, ihr Saupreußn, trinkts und lernts: dass man sich da, wo das herkommt, noch viel bessere Gebräue ins Glas zapft. Die kriegts ihr Schlawiner aber ned!

Adresse Hösl & Co Brauhaus, Bahnhofstraße 1, 95666 Mitterteich, Tel. 09633/92220, www.hoeslbraeu.de | Bierprofil Vollsortiment aus acht untergärigen Bieren und fünf Weizen; saisonal: Bock, Winterbier | Öffnungszeiten Braugasthaus täglich außer Sa 11–14 Uhr und ab 16 Uhr | Tipp Mitterteichs 1864 in der Vorstadt neu errichtetes Kommunbräuhaus wird heute von 15 brauberechtigten Haushalten genutzt, von denen drei eine temporäre Zoigl-Wirtschaft betreiben: Oppl, www.oppl-zoigl.de, Hartwich, www.hartwich-zoigl.de, und Lugert.

81 Edel Märzen

Pikant abgeschmeckte Flüssigsüßigkeit

Ein hübsches Renaissanceschloss. Kilometerweit sichtbar thront es auf dem Hochufer des Flüsschens Naab. Zu seinen Füßen ein Gasthaus, dessen Wirtsfamilie seit 100 Jahren nichts Schöneres kennt, als Ausflügler mit Brotzeiten zu beglücken. Es ist keine dumme Idee, dem Örtchen einen Besuch abzustatten, an dem eines der eigenwilligsten, vielleicht sogar das charakterstärkste Märzen überhaupt das Licht der Welt erblickt. Hat der Gaumen einmal davon gekostet, wird er nicht anders können, als eine weitere Begegnung herbeizusehnen. Mit dieser dick auf eine Scheibe Hopfenaromatik aufgestrichenen Flüssigsüßigkeit, die mit einer Prise Pikantem und der Schärfe von immerhin 5,7 Prozent außergewöhnlich raffiniert abgeschmeckt ist. Hochkomplex. Vielschichtig. Und trotzdem gefährlich süffig.

Naabeck, zwei Dutzend Häuser klein, ist ein Braustandort, wie er für das abgehängte Hinterland der Oberpfalz nicht typischer sein könnte. Man ist kein Entertainer, kümmert sich nicht groß darum, wenn sich mal wieder jemand wundert, wie wenig es trotz gläsernem Sudhaus zu sehen gibt. Als Besucher will man nicht recht glauben, dass das Örtchen im Mittelalter die Hofmark, der Gerichtssitz der Region, war. Unter Garantie wurde schon Jahrhunderte vor 1620, dem offiziellen Gründungsjahr der Naabecker Schlossbrauerei, für den Eigenbedarf gebraut. 1919 kaufte die Familie Rasel einen innovationsbedürftigen Landwirtschaftsbetrieb, zu dem auch das auf Selbstversorgung plus ein paar Gasthäuser ausgelegte Sudhaus sowie das Schloss gehörten. Erst durch die zündende Idee, einen Heimlieferservice anzubieten, gelangte man in den 1950er Jahren zu stattlicher Größe.

Es empfiehlt sich, am Sonntag zu kommen. Weil das Gasthaus nur dann ein Märzen und einen Wurstsalat serviert. Naabeck selbst wirkt jetzt auf denselben Blick herausgeputzt und aufgegeben. Ein Idyll. Aber scheintot und frei von Menschen.

Adresse Schlossbrauerei Naabeck, Naabecker Straße 13, 92421 Schwandorf-Naabeck, Tel. 09431/1326, www.naabecker.de | **Bierprofil** Helles, Pils, Spezial, Märzen, Leichtbier, Dunkles, dunkler Bock; saisonal: heller Bock, Weihnachtsbier; die fünf Weißbiere werden im nahen Wiefelsdorf in der 1993 übernommenen Brauerei Plank gebraut | **Öffnungszeiten** Direktverkauf Mo–Do 6.30–12 und 13–16 Uhr, Fr 6.30–12 Uhr, Sa 8–11 Uhr; Gaststätte Beer, Am Kollerberg 2, 92421 Schwandorf-Naabeck, Tel: 09431/3616, www.beer-naabeck.de, So, Feiertage ab 15 Uhr | **Tipp** Die Schnellinger Bräu aus Irrenlohe bei Schwarzenfeld pflegt die Kultur des Zoigls, wagt sich aber auch an US-Craft-Beer-Sorten und baut selbst Hopfen an.

82 Echter Zoigl

Wochentags nie unter zwölf

Gemessen an Zoiglstuben pro Einwohner ist das 1.200 Seelen kleine, 1972 nach Windischeschenbach eingemeindete Dörfchen Neuhaus das Epizentrum jener archaisch-rustikalen Bierkultur, die man so nur in der nördlichen Oberpfalz kennt. Seit 1415 nutzen mal mehr, mal weniger der 27 Hofstellen des Ortskerns das seinerzeit verbriefte Recht, gemeinsam ein Kommunbrauhaus zu betreiben und das dort gekochte, anschließend zu Hause vergorene Bier im Wechsel auszuschenken. Aktuell halten sechs Zoiglstuben die Tradition des vergemeinschafteten Privatbiers lebendig. Auch wenn sie sich auf den ersten Blick kaum mehr von einer konventionellen, zünftigen Dorfwirtschaft unterscheiden.

Wer sich beim Bahler oder bei einem der anderen nach einem freien Platz umsieht, ist gut beraten, die Nähe zu einem Einheimischen zu suchen, dessen faltiges Gesicht verrät, dass es schon etliche Rasierapparate verschlissen hat. Denn in der Nachbarschaft alter Leute, die ihre Tage in Wirtshäusern verhockt und deshalb viel zu erzählen haben, schmeckt das würzige, nie gleiche Bauernbier am besten. Neuhaus in den 1950er Jahren. 25 Zoigl-Wirte. Am Freitagabend treffen sich die Männer des Orts im Wohnzimmer jener Familie zum Karteln, die mit Ausschenken an der Reihe ist. Wieder verlassen werden sie es erst am Montag in der Früh. Wie viele Biere es bis dahin geworden sind? Noch in den 1960er Jahren wäre niemand auf die Idee gekommen, vor der zwölften Halben aufzuhören. Wochentags.

Während die Trinksitten seit damals doch deutlich an Format verloren haben, hat sich der Zoigl selbst von einer bisweilen grenzwertigen, semiprofessionellen Plörre, die schon mal mit Natron gerettet werden musste, zu einem Traum mit Schaum entwickelt. Nur selten bekommt man einen Trunk gezapft, der an das stets naturbelassene Bier aller Biere heranreicht. Wer von den sechs Zoigl-Wirten das beste hat? Das muss am Ende der persönliche Geschmack entscheiden.

Adresse Die sechs Neuhauser Zoiglstuben befinden sich alle im alten Ortskern. Bahler, www.bahler-zoigl.de. Käck'n. Lingl, www.lingl-zoigl.de. Schaffer, www.schafferhof-zoigl.de. Schoilmichl, www.schoilmichl.de. Teicher, www.teicher-zoigl.de | Bierprofil Zoigl, im Kommunbrauhaus gebraut, beim Wirt daheim vergoren und gereift | Öffnungszeiten Ausschanktermine auf der jeweiligen Website oder www.zoiglbier.de | Tipp Im deutlich größeren, direkt benachbarten Windischeschenbach gibt es ebenfalls sechs Zoiglstuben. Adressen und Ausschanktermine auf www.zoiglbier.de.

83 Meine Hopfenkreuzfahrt

In fünf Aromen um die Welt

Dass das Gewürz des Bieres nur in der Holledau optimal gedeiht, ist einer jener Mythen, die Bayerns Biertrinker so lange vor sich hin gebetet haben, bis er ihnen zur Wahrheit wurde. Hopfen stellt an seine Umwelt keine besonderen Ansprüche, wuchert sogar auf Sylt, wo man ihn tatsächlich kultiviert. Allerdings verlangt er ein umfangreiches, hoch spezialisiertes, kostspieliges Equipment. Daher die Konzentration auf das Hügelland südlich von Ingolstadt und westlich von Schrobenhausen – eine Folge agrarpolitischer Weichenstellungen des 19. Jahrhunderts.

Amarillo, Bramling Cross, Hüll Melon und Vic Secret lauten die Namen von vier hocharomatischen Sorten, die das Brauhaus Nittenau ausgewählt hat, um den wahren Stellenwert außerbayerischer Anbauflächen ins rechte Licht zu rücken. Jedes Jahr zu Weihnachten legt die kleine, bei vielen nach wie vor unter ihrem 1996 abgelegten Namen Jakob verankerte Brauerei eine Serie aus exakt einer Handvoll Bieren auf, für die Braumeister Sebastian Jakob nur einen Sud ansetzen muss. Fertig vergoren, wird der helle Bock auf fünf Reifetanks aufgeteilt. Vier werden mit je einer der genannten Sorten kaltgehopft, der fünfte mit allen. Kalthopfung, das heißt sinnbildlich, dass die Dolden in Teebeutel gegeben werden und ihnen das Jungbier als Teewasser dient. Teebeutel raus. Abgefüllt. Dann geht's los. Auf eine Hopfenkreuzfahrt um die Welt.

England. Bramling Cross, dort in den 1920er Jahren gezüchtet. Kräftige Noten von Johannisbeere. Krass! USA. Amarillo. Zitrone plus Pfirsich plus Honigmelone. Sanft, betörend, lieblich. Wohl in den 1930er Jahren gezüchtet, aber erst seit den 1990er Jahren in größerem Stil kultiviert. Australien. Vic Secret. Harz, Gras, Blumenwiese. Seit 2013 auf dem Markt. Und schlussendlich auch die Holledau. Hüll Melon. Waldbeere und Melone. Seit 2012 zum Anbau zugelassen. Die Fünflinge sind natürlich auch einzeln erhältlich.

Adresse Brauhaus Nittenau, Wulkersdorfer Straße 4, 93149 Nittenau, Tel. 09436/8209, www.nittenauer-bier.de | Bierprofil Helles, zwei Pils, Export, Festbier, Dunkles, helles Weizen, Pale Ale, Porter, Witbier; saisonal: Hopfenkreuzfahrt-Serie | Öffnungszeiten Direktverkauf Mo–Fr 9–17 Uhr, Sa 9–12 Uhr; Braugasthof Jakob, Hauptstraße 10, 93149 Nittenau, Tel. 09436/8224, www.brauereigasthof-jakob.de, Mo, Di und Do–Sa 9–14 Uhr und ab 17 Uhr, So ab 9 Uhr | Tipp Im nahen Dörfchen Zell widmet sich die Schlossbrauerei Schwarzfischer seit 1825 der Pflege der Oberpfälzer Brautradition.

84__Dunkel

Schädelweh als gute Tat

Alle bayerischen Volksstämme haben sich ein natürliches Verhältnis zum Muntermacher Alkohol bewahrt. Aber selbst den dank Oktoberfest, Hofbräuhaus und Augustinerkeller perfekt trainierten Münchnern wird die Selbstverständlichkeit, Inbrunst und Naivität bisweilen unheimlich, mit der sich die Oberpfälzer all die Ablagerungen des Alltags aus den Köpfen herausspülen. Den Tag bei einer Salve an Bockbieren Revue passieren zu lassen, für die Alteingesessenen unter den Regensburgern ist das in etwa so selbstverständlich, wie man sich vor dem Zubettgehen die Zähne putzt. Zumindest suggeriert das der Kult, der den Kneitinger, eine der drei historischen Brauereien der Bischofsstadt, und dessen »Mutterhaus«, die Gaststätte am Arnulfplatz, umweht.

Erstmals dokumentiert wurde die Brauerei 1530. 1861 heiratete die Brauerswitwe Maria Islinger Johann Kneitinger I., der allerdings erst einmal seine Gesellenprüfung bestehen musste. Das dunkle Bockbier, mit dem er sich 1865 als Regensburgs neues Genie am Sudkessel präsentierte, machte seine Nachkommen reich. 1985 überführte Sofie Kneitinger das Erbe der Familie – mitsamt Sud- und Wirtshaus – in eine karitative Stiftung. Seither trägt man mit jedem Schädelweh das Seine dazu bei, zum Beispiel ein Seniorenheim zu finanzieren.

So verlockend der nachtschwarze, lieblich-süffige Bock auch im Glas liegt, der Anfang Oktober angestochen wird und mindestens bis Ostern reicht, so dringend mag an dieser Stelle eine Lanze für das eigenwillig charakterstarke, vergleichsweise verkannte Kneitinger Dunkle gebrochen werden. Röstaromen, zu einem Konzentrat verdichtet. Die für diesen Bierstil typische Süße von Rosinen: jenseits der Wahrnehmungsgrenze. Kantig. Räudig. Urig. Der perfekte Begleiter, um in einem der letzten Wirtshäuser, in dem der Regensburger seine ihm ureigene Rustikalität auch vor Publikum auszuleben bereit ist, ethnologische Studien zu betreiben.

Adresse Brauerei Kneitinger, Kreuzgasse 7, 93047 Regensburg, Tel. 0941/593020, www.kneitinger.de | **Bierprofil** Helles, Pils, Dunkles; saisonal: Bock, Sommerbier | **Öffnungszeiten** Brauereigaststätte (»Mutterhaus« mit Fanshop), Arnulfsplatz 3, 93047 Regensburg, Tel. 0941/52455, www.reichinger.info, täglich ab 9 Uhr | **Tipp** Neben Regensburgs Traditionsbrauereien Bischofshof, Kneitinger und Spital empfiehlt es sich, das 2007 als Gastraum-Sudstätte wiederbelebte Weissbräuhaus zu besuchen.

85__Hopfen-Zwickl

Heiß ist der Sommer – und es zischt

In den 300.000 Jahren ihres Seins ist der Menschheit nur wenig eingefallen, was die Königsdisziplin der Freizeitgestaltung, das Nichtstun, toppt. Einer der Vorschläge: die ehrenwerte Untätigkeit in Regensburg stattfinden lassen. Genauer: 50 Meter links vom nördlichen Kopf der Steinernen Brücke. Unter uralten Bäumen. Man darf dort aber nicht den winzig kleinen Fehler begehen, die Kellnerin mit dem Satzfragment »a Bier, bitte« anzusprechen. Sonst bekommt man ein sehr feines Helles. Um ins innere Nirwana zu gelangen, muss sie das Update herbeitragen, das dass die benachbarte Spitalbrauerei, zu der der traumhaft schöne Biergarten gehört, einem Oberpfälzer Zwickl hat angedeihen lassen.

Bis 1924 gehörte Stadtamhof, das Viertel nördlich der Steinernen Brücke, nicht zu Regensburg. Mit einer Ausnahme, dem Areal um die Spitalkirche St. Katharina. 1226 hatte es sich der Bischof für eine Verwahranstalt für Kranke ausgeguckt. Eine hauseigene Brauerei versorgte sie mit flüssigem Brot. Heute, 800 Jahre später, finanziert sie ein Seniorenheim. 2012 stellte das halb kirchliche, halb öffentlich-rechtliche Stiftungsgremium einen bekennenden Craft-Beer-Freak als Brauer ein. Dem damals 27-jährigen Anton Miller wurde absolute Handlungsfreiheit zugesichert.

Bei diesem und jenem Bier hartnäckige Verkrustungen abtragen, damit die echte Oberpfälzer Tradition auch den Jungen schmeckt. Und das Sortiment um Leckereien ergänzen, dank denen ein urbayerischer Paradetrunk ein aus der Welt der US-amerikanischen Craft-Beers entlehntes i-Tüpfelchen bekommt. Schritt für Schritt ins Paradies! Bei Millers eingangs erwähntem Sommertrunk sind es sogar zwei. Die Aromahopfen Cascade und Simcoe verleihen dem Hopfen-Zwickl ein derart spritziges Aroma, dass es zumindest in Regensburg bald aussterben dürfte: das Hassobjekt der Brauer. Das Radler. Die Unsitte, ein Kulturgut mit Zitronenlimo zu panschen, wenn es einem im Reinzustand zu wenig zischt.

Adresse Spitalbrauerei, Am Brückenfuß 1–3, 93059 Regensburg, Tel. 0941/83006155, www.spitalbrauerei.de | **Bierprofil** Helles, Pils, Dunkles, helles, dunkles und leichtes Weizen, wechselnde Manufaktur-Biere | **Öffnungszeiten** Direktverkauf Mo–Do 7–12 und 13–16 Uhr, Fr 7–13 Uhr, Braugasthaus mit Biergarten, St.-Katharinen-Platz 1, 93059 Regensburg, Tel. 0941/84774, www.spitalgarten.de, Mo–Fr ab 11.30 Uhr, Sa, So ab 11 Uhr | **Tipp** Eine zweite Möglichkeit, in der Region Regensburg dem Ideal des Nichtstuns zu frönen: das Wirtshaus und der Biergarten der Prösslbräu in Adlersberg.

86 Lilly Bock

Weich wie ein Daunenkissen

Der Höhenzug, der Bayern von seinen tschechischen Nachbarn trennt, liefert ein Brauwasser, das sich kolossal von dem abhebt, was via Lech, Amper, Isar und Mangfall aus den Alpen ins Oberland fließt. Die harmlosen Gipfel und Täler des Oberpfälzer und Bayerischen Walds stellen den kläglichen Rest dar, den die Erosion von einem vor 500 Millionen Jahren entstandenen Gebirge übrig gelassen hat. Weil alle Kalkgesteine längst abgetragen sind, drückt weiches, perfekt geeignetes Nass aus dem Boden. Wohingegen die höchste Auffaltung Europas erdgeschichtlich betrachtet ein Kind ist, seit gerade einmal 25 Millionen Jahren wächst es jedes Jahr um ein paar Zentimeter.

Malze, die zu dunklem Bier verbraut werden, kommen mit Kalk noch einigermaßen gut zurecht. Aber bei hellen Sorten bleibt Bayerns Braumeistern nicht viel anderes übrig, als ihr Wasser aufzubereiten oder es mit einem Tiefbrunnen aus einer Schicht zu fördern, in der es Millionen Jahre Zeit hatte, sich selbst zu enthärten. Es sei denn, dass sich die Sudstätte in der Einsamkeit des an Einwohnern armen Höhenrückens im Osten versteckt, der erst im 13. Jahrhundert durch die Gründung von Klöstern, Dörfern und selbstredend auch von Brauereien erschlossen wurde – beispielsweise von der 1283 erstmals nachweisbaren Rhanerbräu.

Aus ihrem Sudhaus kommt der perfekte Trunk, um den Segen weichen Brauwassers zu erschmecken. Die Lilly, ein harmonisch in sich ruhender Weizenbock, ist – kein Widerspruch! – mit einer geradezu verbissenen Komplexität gesegnet. Als wäre er ihr Daunenkissen, bettet sich die Dame im Mundraum, schmeichelt der Zunge mit einer Zärtlichkeit, als hätte sie einen Samthandschuh übergestreift. Die Gefahr ist enorm, dem Duft, dem Gaumenkitzel und der Sinnlichkeit des dunkelblonden Schätzchens willenlos zu verfallen. Ihr gefällt's, so scheint's, wenn man seinen Lebensmittelpunkt hinaus zu den Wäldlern verlegen will.

Adresse Rhanerbräu, Rhan 9, 93488 Schönthal-Rhan, Tel. 09978/80110, www.rhaner.de | Bierprofil Helles, Export, Naturtrübes, Pils, Dunkles, diverse Weizen, diverse Craft- beziehungsweise Gourmetbiere; saisonal: Weizenbock, dunkler Bock, diverse Festbiere | Öffnungszeiten Brauereiführung Do 14 Uhr | Tipp In Plößberg am nördlichen Ende des Oberpfälzer Walds hält mit Angela Riedl eine Braumeisterinnenlegende die Tradition der Brauerei Riedl – seit 1911 im Besitz der Familie lebendig.

87__Dampfbier

Armut formte diese Kuriosität

Wie ein roter Faden zieht sich ein Wertewandel um 180 Grad durch die Geschichte der Kulinarik. Zum Beispiel das Tiroler Schüttelbrot. Ursprünglich war es für die Hirtebuben oben auf der Alm gedacht, deren gesunder Appetit den Bauern bloß nichts kosten durfte. Oder die Auster. Fast wäre es im London des 19. Jahrhunderts zu einem Aufstand des Dienstpersonals gekommen, weil es Tag für Tag nichts anderes vorgesetzt bekam.

Ortswechsel. Zwiesel – die nicht einmal 10.000 Seelen kleine Metropole des Bayerischen Walds. Ende der 1980er Jahre: Dieter Pfeffer wühlt sich durch die Geschichte der von ihm in vierter Generation betriebenen Brauerei und stößt auf ein ausgestorbenes Brauverfahren. Als sich sein Urgroßvater Wolfgang 1889 anschickte, eine Sudstätte auf Vordermann zu bringen, die er zwei Jahrzehnte zuvor erworben hatte, spezialisierte er sich auf das sogenannte Dampfbier. Gespart wurde bei diesem Trunk der wirklich armen Leute an allem. An der Qualität des Gerstenmalzes. Am Hopfen. Statt mit einer anspruchsvollen untergärigen Hefe, die teure Kühltechnik und viel Zeit verlangt hätte, wurde das Dampfbier obergärig vergoren. Mit einer Secondhand-Weißbierhefe. Bei um die 18 Grad Celsius und im Schnelldurchgang. Dabei steigt so viel Kohlensäure auf, dass es aussieht, als ob es dampft.

Dieter Pfeffer ließ die Frage nicht los, wie dieser noch vor der Wende zum 20. Jahrhundert europaweit komplett verschwundene Trunk wohl gemundet hat. Zum 100. Gründungsjubiläum 1989 braute er ihn deshalb neu ein. Seither gilt das Dampfbier als flüssiges kulinarisches Aushängeschild des Bayerischen Walds. Zu Recht? Sein ungewohnt eigenwilliger Geschmack ähnelt dem eines Düsseldorfer Alts. Ein Weizenbierersatzgetränk halt. Ohne Fruchtaromen. Aber mit einem traubenzuckerigen Stich. Großväterlich mild. Karamellig statt säuerlich. Ob man zu den 80 Prozent gehört, die begeistert sind, möge jeder selbst herausfinden.

Adresse 1. Dampfbierbrauerei W. Pfeffer, Regener Straße 9, 94227 Zwiesel, Tel. 09922/84660, www.dampfbier.de | **Bierprofil** Dampfbier, Helles, Leichtbier, Export, Naturtrübes, Dunkles, Pils, Märzen, helles, dunkles und leichtes Weizen; saisonal: Sommerbier, Festbier, Bock, Doppelbock | **Öffnungszeiten** Besucherbrauerei Di, Do, Fr 13–16 Uhr, Brauereiführung Di, Do, Fr 14 Uhr, Bräustüberl, Regener Straße 6, Tel. 09922/6686, www.braeustueberl-zwiesel.de, täglich ab 9.30 Uhr | **Tipp** Die Dampfbierbrauerei in Oberstdorf im Allgäu ist eine Wirtshausbrauerei. Man kann dem Gerstensaft beim Werden zusehen, der Sudkessel steht mitten im Gastraum.

88 Augsburger Herren Pils

Mit der Kraft von fünf Hopfen

Mit Begriffen wie Bouquet, komplex und Abgang weiß wirklich jeder korrekt umzugehen. In der Regel allerdings nur, wenn ein Riesling, Silvaner oder Müller-Thurgau entkorkt wird. Öffnen wir mit demselben Zeremoniell doch einfach mal ein Fläschchen Augsburger Herren Pils. Das Brauhaus Riegele mag dieses elegante Blondinchen als massenkompatible Alltagsbegleiterin klassifiziert haben. Dennoch könnte sich dank ihr beschleunigt herumsprechen, dass es auch Biere gibt, die sich mit dem Adjektiv trocken punktgenau beschreiben lassen.

Dass ein Pils bitter ist, liegt in seiner Natur. Generell ist dieser Bierstil durch einen besonders großzügigen Umgang mit der teuersten Brauzutat charakterisiert, dem Hopfen. Denn die in den Dolden enthaltene Alphasäure macht herb. Beim Augsburger Herren Pils verspricht das Etikett drei Gaben. Untertrieben! Es wird sogar fünfmal Hopfen in die Würze gerührt. Was 48 Bittereinheiten ergibt, die beim Bier in IBU gemessen werden. In der unfiltrierten Version, dem Amaris aus der mit Preisen überschütteten, teuren Riegele-Biermanufaktur-Serie, sind es sogar 50. Zum Vergleich: Ein Weizen hat im Schnitt zwölf, ein Helles 20 und ein ordentlich knackiges deutsches Pils um die 35 IBU.

Dringend will an dieser Stelle angemerkt sein, dass das Wort trocken kein Synonym für bitter ist. Wer die fünf verwendeten Hopfensorten deuten kann, weiß, warum es sich bei diesem Pils um alles andere als einen sperrigen, kratzig-kantigen Rachenbesen handelt. Denn Hallertauer Mittelfrüh, Opal, Hersbrucker Spät, Saazer, Hallertauer Tradition und Cascade tragen alle auch ein paar ätherische Öle in die Würze hinein, die in diesem Fall für dezent grasige und sanfte Südfruchtaromen sorgen. *You're welcome*, lächelt der Gaumen und freut sich, dass der Handschlag, mit dem ihn jeder Schluck aufs Neue im Mundraum begrüßt, ziemlich kräftig, selbstbewusst, ja kühn ausfällt.

Adresse Brauhaus Riegele, Frölichstraße 26, 86150 Augsburg, Tel. 0821/32090, www.riegele.de | Bierprofil Weitere klassische Sorten sind Helles, Märzen, Export, Kellerbier, Dunkles, helles, dunkles und leichtes Weizen; saisonal: heller und dunkler Bock, Weizenbock, Sondersude. Biermanufaktur-Serie siehe nächste Seite. | Öffnungszeiten Brauwelt-Shop Mo–Fr 8–20 Uhr, Sa 12–20 Uhr; Wirtshaus täglich ab 11 Uhr, Biergarten Mo–Sa ab 15 Uhr, So ab 11 Uhr | Tipp Die Augsburger Hasen-Bräu bemüht sich seit der Übernahme durch die Radeberger-Gruppe redlich, am über Jahrzehnte gewachsenen schlechten Image zu rütteln. Gratulation: Man mag es wieder trinken!

89__Auris 19

Genuss mit globaler Perspektive

Bevor Sebastian Priller-Riegele 2006 in die Geschäftsleitung der ältesten, 1386 gegründeten Augsburger Brauerei einstieg, hat er das Land der unbegrenzten Möglichkeiten durchstreift. Man sieht es der fast dorfgroßen Sudstätte an, dass sich der neue Chef von der Craft-Szene der USA inspirieren ließ, als er sie zu einer Biererlebniswelt umgestaltete. Jeder Meter Weg ins zugleich urig und trendy gestylte Wirtshaus ist eine Aufforderung an unsere Neugierde, uns durch die fremdartig wirkenden Geschmackswelten seiner in Deutschland einzigartigen Gourmet-Serie zu probieren, der nur im kleinen Stil eingebrauten Manufakturbiere.

Genau betrachtet ist der Unterschied zwischen diesen Edelsuden und Riegele-Standardsorten gar nicht so groß. Sofern man bereit ist, das Thema Bier aus einer globalen Perspektive heraus zu betrachten und anzuerkennen, dass die Brautraditionen Belgiens und Großbritanniens zwar andere Wege einschlugen, aber der unseren dennoch ebenbürtig sind.

Zum Glück für Einsteiger besteht die Serie nicht nur aus Exoten. Das Auris 19 zum Beispiel. Es steht Bayern näher, als uns das mit Fachdetails überfrachtete Etikett glauben macht. 19 Grad Stammwürze. Entspricht neun Prozent Alkohol. Letztlich ist das Auris 19 die Rekonstruktion, wie ein heller Doppelbock vor 100 Jahren geschmeckt hat. Denn der nussige, honigsüße, elegante, aber wuchtige Kraftprotz basiert auf einer historischen Gerstensorte namens Steffi, die wegen ihrer geringen Erträge von den Äckern verschwand. Sebastian Priller-Riegele, Weltmeister der Biersommeliers, lässt sie wieder anbauen. Darüber hinaus hat er auch die Spelzentrennung wiederbelebt, ein aufwendiges und deshalb ebenfalls ausgemustertes Verfahren, bei dem die Malzkörner beim Schroten der Länge nach gespalten werden.

Ja aber schmeckt man diese beiden i-Tüpfelchen an Sorgfalt denn auch? Obacht: Wer es probiert, wird begeistert zustimmen!

Adresse Brauhaus Riegele, Frölichstraße 26, 86150 Augsburg, Tel. 0821/32090, www.riegele.de | Bierprofil Die Biermanufaktur-Serie besteht aus etwa einem Dutzend Interpretationen von Bierstilen aus aller Welt – vom belgischen Pale Ale über das britische India Pale Ale bis zum böhmischen Pils. Hinzu kommen holzfassgereifte Jahrgangsbiere und Sondersude. | Öffnungszeiten Brauwelt-Shop Mo–Fr 8–20 Uhr, Sa 12–20 Uhr; Wirtshaus täglich ab 11 Uhr, Biergarten Mo–Sa ab 15 Uhr, So ab 11 Uhr | Tipp Die 1488 erstmals erwähnte Augsburger Augusta-Brauerei lebt zumindest als Marke weiter. Seit ihrer Stilllegung 2010 werden Biere, die ihren Namen tragen, von der Schlossbrauerei Unterbaar produziert.

90_Dunkles

Der Letzte seiner Art

Kaum eine Stadt ist im 20. Jahrhundert mit ihrer Bierkultur ähnlich lieblos umgesprungen wie Augsburg. 1913 konnten die Einwohner zwischen 33 Brauereien wählen. Nach und nach wurden 30 davon zu altem Glump erklärt und auf der Müllhalde der Geschichte entsorgt. Heute findet man in der Schwabenmetropole mehr exotische Restaurants und hippe Pubs, als man in nur einem Leben aufsuchen kann. Aber Wirtschaften, die die Attribute »schwäbisch«, »gemütlich« und »urig« verkörpern?

Einem mit stoischer Gelassenheit, juvenilem Idealismus und einer nachgerade philosophischen Weitsichtigkeit gesegneten Sturschädel haben es die Augsburger zu verdanken, dass ihnen zumindest eines ihrer innerhalb der Altstadt gelegenen altehrwürdigen Sudhäuser und dessen Brauwirtschaft geblieben sind. Mitte der 1990er Jahre, als die Wertschätzung für regionale Leckereien auf den Tiefpunkt zusteuerte, übernahm es Max Kuhnle von seinem Großvater. Damit sein Thorbräu den Augsburgern wieder schmeckte, deklarierte er es kurzerhand zum flippigen Szenetrunk um und verpasste ihm ein quietschiges Etikett. Sogar dem Dunklen.

Holzgetäfelte Wände, blanke, schwere Holztische. Krüge aus Ton. Der Stammtisch der Königstreuen. Nichts scheint sich im Bräustüberl der Thorbräu verändert zu haben, seit das für eine Großstadt recht kleine Sudhaus 1968 zum vorerst letzten Mal erneuert wurde. Höchstens, dass Kuhnles Dunkles noch näher an das Original heranreicht, das Mitte des 19. Jahrhunderts eine kastanienrote Sorte ablöste. Der perfekt ausbalancierte, weder zu süße noch zu pompös gehopfte Paradetrunk der Thorbräu ist, obwohl unfiltriert, nicht wirklich trüb. Ein Zeichen, dass ihm viel Zeit zum Reifen gegönnt wurde. Das längst ausgestorbene Braunbier, das auf unvorteilhaften Malzen basierte, hatte Augsburg in jener Epoche berühmt gemacht, in der sich die Münchner die Kunst des Brauens erst noch aneignen mussten.

Adresse Thorbräu, Wertachbrucker-Tor-Straße 9, 86152 Augsburg, Tel. Brauerei 0821/36561, Bräustüberl 0821/36562, www.thorbraeu.de | **Bierprofil** Helles, Dunkles, Pils, Kellerbier, Weizen; saisonal: Doppelbock; diverse Ales, Bio- und andere Trend- beziehungsweise Craft-Biere | **Öffnungszeiten** Bräustüberl täglich ab 11 Uhr; April bis Sept. Biergarten in der Freibank auf der gegenüberliegenden Seite des unübersehbaren Baudenkmals Wertachbrucker Tor; Direktverkauf Mo–Fr 8–20 Uhr, Sa bis 12 Uhr | **Tipp** Im Augsburger Stadtteil Oberhausen verblüfft die Burger-Kneipe Bob's Fast- & Slowfood mit hausgebrauten Traditionsbieren. Für die noch unreife Jugend gibt es zudem ein Mais-Bier, das Santa Muerte, das von der Thorbräu eingebraut wird.

91__Schlossbräu Bernstein Weisse

Mit besten Grüßen aus dem Malzarchiv

Sie gelten als die einzige Ethnie Bayerns, die nicht in Rage gerät, wenn man den Geldbeutel zu Hause vergisst. Denn Shoppen geht auf Schwäbisch so: »Mir kaufet nix, mir gucket bloß.« Natürlich macht es Spaß, die sprichwörtliche Sparsamkeit jener Mitmenschen, die zwischen dem Lech und Baden-Württemberg zu Hause sind, für einen schnellen Lacher auszuschlachten. Die Schwaben juckt das nicht, schließlich können sie sich für das gesparte Geld Wünsche erfüllen, die sich andere verkneifen müssen.

Dementsprechend entschied sich die Autenrieder Schlossbrauerei bei ihrem letzten großen Umbau, nicht mehr benötigte Gebäudeteile einfach stehen zu lassen. Kostet weniger als ein Abriss. Und: Man weiß ja nie! … Dass man sich irgendwann ein Malzarchiv gönnen will zum Beispiel, einen auf übermorgen ausgelegten Vorrat an Sorten, nach Jahrgang und sogar nach Terroir sortiert.

Dass wie beim Wein auch beim Bier die Hauptzutat je nach Wetter und Beschaffenheit des Bodens immer anders ausfällt, ist bislang sicherlich nur den wenigsten bewusst.

Diese einzigartige Einrichtung allein erklärt nur zum Teil, weshalb man die jüngste Weizenbierkreation der um ein Landschlösschen herum entstandenen Brauerei guten Gewissens als Dom Pérignon unter den Prickelbieren bezeichnen darf. Damit sie störende Abbauprodukte, die beim Vergären entstehen, nicht nur zu einem Gutteil, sondern vollständig abschöpfen können, haben die Autenrieder ein eigenes Patent entwickelt. Der Schwabe ist halt bekanntlich auch ein Tüftler. So konnte das Kunststück gelingen, die volle Bandbreite der denkbaren Fruchtaromen unterzubringen und obendrein so aufzufächern, dass sich jeder sein persönliches Lieblingsobst herauspicken kann. Ein Bier, das mit der Cleverness eines Entertainers gesegnet ist, der es versteht, wirklich alle um den Finger zu wickeln.

Adresse Schlossbrauerei Autenried, Bräuhausstraße 2, 89335 Ichenhausen-Autenried, Tel. 08223/96840, www.autenrieder.de | Bierprofil Stammsorten sind unter anderem Helles, Dunkles, Leichtbier, Pils sowie diverse Weizen; saisonal: diverse Fest- und Bockbiere; zur Schlossbräu-Serie siehe nächste Seite | Öffnungszeiten Direktverkauf Mo–Fr 8–17 Uhr, Sa 8–11 Uhr, Brauereigasthof, Hopfengartenweg 2, Tel. 08223/968440, www.brauereigasthof-autenried.de, täglich ab 10.30 Uhr | Tipp Die Radbrauerei aus dem nahen Günzburg ist zu Recht für charakterstarke, süffige Weißbiere bekannt.

92__Schlossbräu Porter

Perfekt fürs Kaffeekränzchen

Es ist noch gar nicht so lange her, da genügte es, zu erzählen, wie man sich drüben auf der Insel in einem Pub ein Pint einheimischen Irgendwas habe zapfen lassen, um den in seiner Direktheit unnachahmlichen Satz abzurufen: »Ja, pfui Deifi!« Dann aber schwappte die Craft-Beer-Welle über Bayern und mit ihr die Erkenntnis, dass zumindest ein Teil der für Großbritannien typischen Biere total lecker schmeckt. Dies kann auch für den echten, den obergärigen Porter gelten. Sofern der tiefbraune Trunk im 1951 erbauten, für die Hauptsorten in den 1970er Jahren zu klein gewordenen kupfernen Zweitsudhaus der Schlossbrauerei Autenried entstanden ist.

Die Wurzeln des Porter liegen im London des ausgehenden 17. Jahrhunderts. Der große Stadtbrand von 1666 hatte die Kapitale beinahe komplett in Schutt und Asche gelegt. Arbeitskräfte für den Wiederaufbau anzuwerben: kein Problem. Aber wie sollte man Zehntausende von Handlangern mit Lebensmitteln versorgen? Die Antwort war ein extrem nahrhaftes Bier. Da man es anfangs aus minderwertigen Suden und etwas Edelbier verschnitt, konnten es sich auch die schlecht bezahlten, ungelernten Lastenträger, die Porter, in großen Mengen leisten.

In der Version der Schlossbrauerei Autenried wird der proletarische Durchhaltetrunk zu der Aufforderung, doch öfters mal eine Pause einzulegen und den Sonntag unbedingt zu heiligen. Ihr Porter duftet wie eine frisch aufgebrühte Tasse Kaffee, mundet nach Edelbitterschokolade. Der eigentlich typische, aber wenig schmeichelhafte Beigeschmack von Traubenzucker hingegen tritt ganz in den Hintergrund. Denn die Braukünstler aus Autenried haben das schwere Dunkle zusätzlich veredelt, indem sie während der Reifung dunkles Röstmalz in den Tank geschüttet haben, auf dass es sein Aroma abgebe. Eine Technik, die eigentlich für Hopfen reserviert ist. Schleckermäuler aufgehorcht: Dieses Bier harmoniert brillant mit Kuchen. Perfekt fürs Kaffeekränzchen!

Adresse Schlossbrauerei Autenried, Bräuhausstraße 2, 89335 Ichenhausen-Autenried, Tel. 08223/96840, www.autenrieder.de | **Bierprofil** was andere Craft nennen, trägt bei der Schlossbrauerei Autenried das Label Schlossbräu: Export, Weizen, Kellerbier, Rotbier, Porter, heller Bock, Imperial Pils | **Öffnungszeiten** Direktverkauf Mo–Fr 8–17 Uhr, Sa 8–11 Uhr, Brauereigasthof, Hopfengartenweg 2, Tel. 08223/968440, www.brauereigasthof-autenried.de, täglich ab 10.30 Uhr | **Tipp** Die über 600 Jahre alte Schwanenbrauerei ist die letzte Sudstätte in der Stadt und auch im Landkreis Wertingen.

93 Biberacher Ur-Dunkel

Gefühlsecht disharmonisch

Wie überall in der Provinz sind auch in Biberach, einem ins sanft gewellte schwäbische Bauernland hineingetupften Dörfchen, die Abende viel stiller als vor 50, 60 Jahren. Denn die Gaststätte sperrt nur noch einmal in der Woche auf. Läuft man um die Schauseite des alten, gedrungenen Prachtexemplars herum und in den Hof hinein, stellt man sich diejenigen, die dennoch täglich vorbeischauen, als glückliche Menschen vor. Hocken sie halt dort zusammen, um zu ratschen und sich ein Fläschchen zu öffnen. Vor der Tür einer Landbrauerei, die dieses Prädikat noch wirklich verdient. Zum Beispiel ihr helles Landbier: in allerhöchsten Tönen zu loben!

Berühmt ist die 1844 gegründete, von Vater Richard und Sohn Fabian Schmid behutsam an den Erkenntnisstand und die Bedürfnisse der Gegenwart angepasste Kleinsudstätte für ein Meisterwerk der Disharmonie. Wie in der Musik gibt es auch bei dunklen Lagerbieren zwei Grundtonarten. Die meisten sind in Dur komponiert und darauf ausgerichtet, Harmonie zu verbreiten. Bei ihnen steht ein einlullend süßer, nach Rosinen und Brotkruste duftender, dicker Malzkörper mit seinem Gegenpart, der Hopfenbittere, elegant in Balance.

Als der Ahnherr der beiden jetzigen Brauer an einem Dunklen tüftelte, muss ihm die berechtigte Frage in den Kopf geschossen sein, ob sich seine einfach gestrickten Stammtischbrüder mit einem Bier identifizieren würden, das halt schon recht arg nach dem bürgerlich-evangelischen Wertekanon schmeckt. Nach Friede, Toleranz und Vernunft. Sein 1877 erstmals ausgeschenktes und bis heute nach seinem Rezept gebrautes Dunkles ist so archaisch, räudig und spröde wie die Angewohnheit des Bauernstands, einen Streit offen und mit den Fäusten auszutragen. Süße: null. Röstaromen: maximal. Im Abgang so herb wie eine blutige Nase. Energiegeladen. Gefühlsecht. Volkskatholisch. Eines der charakterstärksten, das Bayern zu bieten hat.

Adresse Biberacher Brauerei / Landbrauerei Schmid, Weißenhornerstraße 24, 89297 Roggenburg-Biberach, Tel. 07300/303, www.brauerei-biberach.de | Bierprofil helles Landbier, Märzen, Naturtrübes, Dunkles, helles Weizen, Roggenburger Klosterbier; saisonal: Bock | Öffnungszeiten Direktverkauf Di–Fr 8–18.30 Uhr, Sa 8–13 Uhr, Braugaststätte Do ab 17 Uhr, jeden ersten So im Monat Frühschoppen und Mittagstisch | Tipp In jenem Kloster, das der Gemeinde Roggenburg ihren Namen gegeben hat, wird heute nicht mehr gebraut. Im Gegensatz zum Kloster Ursberg, von dem aus ersteres im 12. Jahrhundert gegründet wurde.

94 Irseer Kloster-Urtrunk

Wie anno dazumal acht Stunden

Als Gott am dritten Tag der Schöpfung den Norden des Allgäus formte, muss ihm der Gedanke gekommen sein, dass seine Menschen ja irgendwann das Fahrrad erfinden würden. Sanfte Hügel. Auf einem solchen, dachte er sich, könnte doch ein Eremit ein Kloster errichten. Als Ziel. Sollen sie halt einen Elektromotor zuschalten, wenn ihnen die letzten Meter zu steil sind. Dort angekommen, gilt es dann, sich im Biergarten ein Plätzchen zu suchen und ein wahrlich himmlisches Gebräu zu bestellen, den strohblonden Irseer Kloster-Urtrunk.

Gebraut wird in Irsee, seit der Einsiedler 1182 nach zwei Jahren Einsamkeit eine Handvoll Benediktinermönche um sich scharte. Die gewaltige Größe des Areals lässt zu Recht vermuten, dass sich die Abtei im Barock als Schaltzentrale kirchlicher Macht etabliert hatte. Als sie in den 1970er, 1980er Jahren als Tagungszentrum neu auferstehen sollte, wurde auch die Klosterbrauerei von Grund auf neu gestaltet. Auf eine bewusst rückschrittliche Art. Man orientierte sich am technischen Stand des 19. Jahrhunderts und verzahnte die einzelnen Produktionsschritte – Sudhaus, Gärkeller et cetera – mit einem Museum. Seither lässt sich in Irsee so eindrucksvoll wie an kaum einem anderen Ort der Frage auf den Grund gehen, warum ein von Honignoten dominierter Geschmack für den Süden Bayerns typisch ist und wie er entsteht.

Gerste, erfährt man, konnte man immer selbst anbauen, Hopfen musste in der Hallertau gekauft werden. Die Süße: eine Folge des Zwangs zur Sparsamkeit. In Irsee dauert ein Braudurchgang acht Stunden. In der Industrie hat man ihn auf zwei hinuntergedrückt. Vergärt wird in offenen Wannen, wodurch die Hefe ihren Bedarf an Sauerstoff selbst regulieren kann. Der Besucher bekommt auch die Reifetanks zu sehen. Während in der Industrie oft nach 14 Tagen Schluss ist, hat der Irseer Kloster-Urtrunk 80 Tage Zeit, um seinen vollmundigen Charakter auszuformen.

Adresse Irseer Klosterbräu, Klosterring 1–3, 87660 Irsee, Tel. 08341/432200, www.irsee.com | **Bierprofil** Urtrunk (Export), Dunkles, Weizen, Bock – alle naturbelassen | **Öffnungszeiten** Braugasthof täglich ab 10 Uhr, Brauereimuseum täglich ab 9 Uhr | **Tipp** Im nahen Aufkirch, einem Ortsteil von Kaltental, entstehen im zehn Hektoliter kleinen Kaltentaler Brauhaus exzellente regionaltypische Trunkenmacher.

95__Pils anno 1907

Mit der Konsistenz von Samt

Erst schnappte sich eine Lichtgestalt des amerikanischen Traums, John Paul DeJoria, ihr Bier. Dass sich der Selfmade-Milliardär 2013 einfach mal so das Kerngeschäft der letzten Brauerei Kaufbeurens kaufte, die Bierproduktion, mochte das Allgäuer Städtchen ja noch hinnehmen. Denn bei dem, was man dort so alles aus den Getränkemärkten schleppte und was nicht, war jedem klar, dass es die 1308 erstmals erwähnte Aktienbrauerei sonst bald nicht mehr geben würde. Als DeJoria 2016 dann aber auch nach dem Tafelsilber griff, den brauereieigenen Immobilien, war das Entsetzen groß. Denn er reichte noch im selben Atemzug das seit Jahrzehnten sich selbst überlassene Filetstück, das ehemalige Amüsier- und Brauereiareal auf dem Afraberg, an einen anderen Investor weiter.

Beim Bier hat die Intervention aus den USA gutgetan. Das angestaubte Image der Aktienbrauerei ist der Freude gewichen, dass ihre Leckerlis jetzt auch jenseits des Atlantiks in aller Munde sind und sich bei internationalen Wettbewerben auf dem Siegertreppchen tummeln. Gleich dreimal mit Gold behängt: das Pils anno 1907. In nur einem Jahr: 2019. Zu Recht, hilft dieses Musterexemplar doch dem Laien zu verstehen, wodurch sich dieser Bierstil denn eigentlich von seinem engsten, ebenfalls stark gehopften Verwandten, dem Export, unterscheidet. Das Mundgefühl! Während sich ein Export dem Gaumen gegenüber schon mal herrisch, hochnäsig und kantig gibt, legt sich ein Pils weich wie Samt auf die Zunge. Es streichelt sie, cremt und lullt sie ein.

Der Namenszusatz anno 1907 führt uns zurück auf den Afraberg. Er markiert das Jahr, in dem die Aktienbrauerei ihren größten Wettbewerber schluckte. Seit sie sich auch noch die ebenfalls dort oben angesiedelte Schiff- und 1997 schließlich die Rosenbrauerei einverleibte, hatte sie zwar gute eigene Ideen, wie aus dem Schandfleck ein Schmuckstück des Stadtbilds werden könnte. Aber halt nicht das nötige Kleingeld.

Adresse Aktienbrauerei Kaufbeuren, Hohe Buchleuthe 3, 87600 Kaufbeuren, Tel. 08341/43040, www.aktienbrauerei.de | Bierprofil zwei Helle, Pils, Export, Leichtbier, Naturtrübes, Märzen, Dunkles, helles, dunkles und leichtes Weizen, Sondereditionen für den Traktorenhersteller Fendt und die Band Scorpions; saisonal: Festbier, heller und dunkler Bock, Doppelbock | Tipp Mit seiner Communebrauerei hat Gernot Wildung das Fassholen, ein Kuriosum aus der fränkischen Biertradition, nach Kaufbeuren geholt. Man holt sich bei ihm Jungbier, um es daheim im Keller reifen zu lassen. Oder man trinkt das Endergebnis in seiner Zoigl-Wirtschaft.

96_Allgäuer Büble Bier Edelbräu

Sehnsucht ist (k)ein stillbarer Durst

Ein Junge, drei, vier Jahre alt, pausbäckig, in Tracht. Oh, wie süß! Sichtbar stolz umklammert er einen Krug Bier, den er für die Eltern im Wirtshaus geholt hat. Wäre das Kind real, dessen Porträt deutschlandweit Heerscharen von Supermarktgängern dazu verleitet, zum Allgäuer Büble Bier zu greifen, würde es aus dem Weinen nicht mehr herauskommen. Denn es dürfte sich nicht gut anfühlen, die Sehnsucht nach genau jener heilen Welt zu verkörpern, die der eigene Schöpfer und Dienstherr, das Allgäuer Brauhaus, selbst kaputt gemacht hat.

Kinder, die ins Wirtshaus sausen, um Bier zu holen, waren bis zum Siegeszug der Bierflasche in den 1950er Jahren ein alltäglicher Anblick. Klar, dass die Kleinen auf dem Rückweg mit der Zunge etwas Schaum abbaggerten, wenn sie nicht gleich einen guten Schluck nahmen, und dass sie sich eine ordentliche Watschn einfingen, waren sie mal wieder hingefallen. Als der Kemptner Künstler Franz Weiß 1950 das Etikett mit dem Büble gestaltete, war man froh, dass diese Ära allmählich zu Ende ging. Der neue Trunk des 1911 gegründeten Allgäuer Brauhauses floppte. Zunächst. 2003 übernahm der Dr.-Oetker-Konzern die Kemptener Sudstätte, um mit dem Büble Edelbräu, einem würzig süffigen, durchaus gekonnt komponierten Export, ganz oben auf der Nostalgiewelle zu schwimmen.

Die Geschichte des Allgäuer Brauhauses gleicht einem Feldzug gegen das höchste Gut der bayerischen Bierkultur: seine Vielfalt. Kein Sudhaus dürfte mehr Wettbewerber übernommen und eliminiert haben. Es ist also nicht ganz unschuldig daran, dass heute wahrlich nicht mehr jedes Dorf und jede Stadt seine Hausbräu hat. Die Ironie der Geschichte: Genau diesen Mangel beweint die Büble-Nostalgie so erfolgreich wie bitterlich. Als 2004 die Produktion nach Marktoberdorf ausgelagert und damit mit der eigenen die letzte Brauerei Kemptens geschlossen wurde, hatte man sogar sich selbst abgeschafft.

Adresse Allgäuer Brauhaus, Königstraße 8, 87435 Kempten, Tel. 0831/20500, Brauerei: Schwendener Straße 18, 87616 Marktoberdorf, www.allgaeuer-brauhaus.de, www.allgaeuer-bueble.de | Bierprofil Das Allgäuer Büble Bier gibt es als Edelbräu (Export), Helles, Naturtrübes, Dunkles, Weizen und Festbier; daneben existieren weiterhin die Marken Allgäuer Brauhaus und Altenmünster | Öffnungszeiten Am ehemaligen Brauereistandort übernimmt das Restaurant Fasshalle die Aufgaben eines Braugasthauses, www.fasshalle-ke.de | Tipp Seit 2005 tröstet die im Vorort Neuhausen gelegene Ein-Mann-Brauerei Michlbräu mit leckeren Kleinstsuden über den Verlust des Allgäuer Brauhauses hinweg.

97__Weiss-Gold

Prinzessin mit unbekanntem Stammbaum

Meckatz. Dank seines Gasthauses so häufig in ein Navi eingegeben wie bei Google irgendwas mit Sex. Als dem winzigen Dorf wohl um die Wende zum 16. Jahrhundert ein Wirtshaus genehmigt wurde, pickte sich dessen Eigner aus einem vorgegebenen Katalog an Hauszeichen den Löwen heraus. Das Symbol des Evangelisten Markus sagte damals jedem, was er wissen musste: Der Wirt hat sich auf Fuhrleute und Pilger spezialisiert, die über Nacht bleiben. Das wäre auch bei Ochse, Engel und Adler so gewesen. Auch sie stehen für einen Autor der Bibel.

Wozu diese Exkursion in die Welt alter Gasthausnamen? 1738 besorgte sich der Meckatzer Wirt die Genehmigung, sein Bier fortan selbst zu brauen. Aus »Zum Löwen« wurde »Löwenbräu« – und die brachte 1905 einen Trunk mit einer bis dato unbekannten süffigen Eleganz auf den Markt, dessen Verführungskünste sich bis nach München herumsprachen. Mehr oder minder im selben Atemzug, in dem sich Benedikt Weiß sein Weiss-Gold schützen ließ, zwang ihn die ebenfalls aus einer Gaststätte Zum Löwen hervorgegangene Münchner Löwenbräu, das Raubkätzchen aus dem Markenauftritt seiner Provinzbrauerei zu streichen.

Geschadet hat sich der einstige Stern am Münchner Bierhimmel damit höchstens selbst. Während er sich an einen internationalen Großkonzern verlor, ist die Brauerei, die seither als Meckatzer in aller Munde ist, noch immer sie selbst. Man weiß, dass sie das Rezept ihres Weiss-Gold nie verändert hat. Und dass es suchtauslösend schmackhaft ist. Aber nicht, was genau man da trinkt. Das Kultbier ist so schlank wie ein Helles, mit 5,2 Prozent dafür aber zu gehaltvoll. Obwohl ausgesprochen würzig, ist es aber auch kein Export. Da passt die Süße nicht. Wegen der es auch kein Pils sein kann. Obwohl das weiche Mundgefühl stimmt. Ein Märzen? Nee! Egal! Beziehungsweise: ganz einfach. Wer sich verzaubern lassen will, sagt zur Prinzessin: »Bitte küss mich!«

Adresse Meckatzer Löwenbräu, Meckatz 10, 88178 Heimenkirch-Meckatz, Tel. 08381/5040, www.meckatzer.de | **Bierprofil** Weiss-Gold, Helles, Naturtrübes, Pils, Weizen; saisonal: Weihnachts-Festbier, Bock | **Öffnungszeiten** Bräustüble, Meckatz 8, 88178 Heimenkirch-Meckatz, Tel. 08381/1573, www.meckatzer-braeustueble.de, Di–Fr ab 11 Uhr, Sa, So ab 10 Uhr | **Tipp** Auch in Lindau am Bodensee gibt es mittlerweile wieder eine Sudstätte. Selbst produziert die Inselbrauerei allerdings nur ihre Spezialitäten, ihre Alltagsbiere lässt sie lohnbrauen.

98 Märzen

Natürlich jedes Mal ein wenig anders

Der Schwabe soll ja derart eigensinnig sein, dass nur er selbst mehr als das Nötigste mit sich zu tun haben will und man ihm besser seine ihm heilige Ruhe lässt. Auf dieses Vorurteil wollen wir ein Hohelied anstimmen! Denn es hat enorm dazu beigetragen, dass der Ort, an dem seit 1841 ein sensationell vollmundiger Trunk entsteht, den Altbayern unbekannt geblieben ist. In einem Ranking der zehn feinsten Biere Bayerns muss das Märzen der Brauerei Kolb ganz oben stehen – wenn es nicht sogar das beste ist.

Ein uraltes Dorfwirtshaus. Davor ein paar Bierbänke, unter einer alten Kastanie verteilt. In der Gaststube ein Kachelofen. Ein echter, der mit Holz geschürt wird. Von Margit Kolb, die für das Gasthaus zuständig ist. Ein paar Brotzeiten bietet sie an. Mehr nicht. Man darf, ja soll sich sein Essen gern mitbringen.

Auch Clemens Kolb hat für seinen Bereich, das Sudhaus, ziemlich alle Gesetze außer Kraft gesetzt, die – Stichwort Industrie, Stichwort Effizienz – dafür gesorgt haben, dass aus einem Handwerk eine Branche geworden ist. Bei ihm darf noch jeder Sud ein wenig anders schmecken. Seine Zutaten sind schließlich immer einen Tick anders gewachsen, kommen aus der Natur. Filtrieren? Beziehungsweise klären? Etwa mit jenen Kügelchen aus Plastik, die trotz Reinheitsgebot erlaubt und üblich sind? Ja, Pfeiffadeggl: wozu? Und: Ein rein natürliches Lebensmittel künstlich haltbar machen, nur weil das der Handel so will? In der Brauerei Kolb gilt die Devise: einfach und unverfälscht. Die Konsequenz: Ihr würziges, sagenhaft ausbalanciertes, unvergleichlich gutes Märzen hält sich auch gekühlt nur sechs Wochen und kann wie die zweite Sorte, das Weizen, nur vor Ort gehamstert und frisch vom Hahn genossen werden.

Ja, ihr blasierten Altbayern: Bleibt bitte weiterhin auf eurer Seite der Grenze, des Lechs! Man weiß ja, was einem Kleinod widerfährt, wenn ihr darüber hinwegtrampelt.

Adresse Brauerei Clemens Kolb, Illertisser Straße 24, 89297 Roggenburg-Messhofen, Tel. 07300/301, www.brauerei-kolb.de | **Bierprofil** Märzen, helles Weizen | **Öffnungszeiten** Direktverkauf und Gasthaus Mi–Fr ab 17 Uhr, Sa, So ab 9.30 Uhr | **Tipp** Seit 2012 braut der in Attenhofen, einem Ortsteil des nahen Weißenhorn, gelegene Gasthof Neumaiers Hirsch seine Biere selbst.

99__Franz Anton Schäffler Triple

Schnaps-Ersatz nach Art des Welterbes

Was für ein Glück, dass man zwischen der Donau und den Alpen den Affront nicht wirklich mitbekommen hat, den sich die UNESCO 2015 leistete. Als Erste überhaupt erklärte sie nicht die bayerische, sondern die belgische Bierkultur zum Welterbe der Menschheit.

Zumindest die Schäffler Bräu, die 1868 einem bereits 400 Jahre alten Gasthaus hinzugefügt wurde und trotz ihrer B-Lage im dünn besiedelten Südosten des Allgäus zu beachtlicher Größe heranwuchs, dürfte die Verneigung vor der Sortenvielfalt Flanderns und Walloniens nicht als Beleidigung empfunden haben. Bekannt ist der Familienbetrieb für seine harmonischen, gutmütig aus ihrem Glas herauslächelnden flüssigen Allgäuer Charaktertypen, berüchtigt für seine zünftigen Sudabende, bei denen Braumeister und Mitinhaber Dieter Graßl vor Publikum auf der vermeintlich kleinsten Sudanlage der Welt 50 Liter Kellerbier zaubert. Auf der anderen, der Tradition ab- und dem Freigeist zugewandten Seite ist die Schäffler Bräu aber auch eine von nur ganz wenigen Sudstätten in Bayern, die den Mut haben, den Gaumen mit einem typisch belgischen Starkbier zu konfrontieren, einem Triple.

Satte 10,5 Prozent. Im Gegensatz zu den klassischen bayerischen kommen die Hefen aus den belgischen Trappistenklöstern, in denen das Triple in den 1930er Jahren als Antwort auf das 1919 erlassene Ausschankverbot von Spirituosen entwickelt wurde, mit so viel Alkohol klar. Ein malzbasierter Longdrink- und Schnaps-Ersatz. Abgefüllt in eine 0,75-Liter-Sektflasche. Ebenda zweitvergoren. Haltbar bis Anno Domini. Mit einem Geschmacksprofil, das sich im Lauf der Zeit immer mehr von einem fruchtig-süßen Sättiger zu einem edlen Aperitif entwickelt, der von einem Sherry kaum mehr zu unterscheiden ist. Klar, dass dieses nach einem Ahnherrn der jetzigen Brau- und Wirtsleute benannte Bier nur für ganz besondere Anlässe und nicht zum Durstlöschen gedacht ist.

Adresse Schäffler Bräu, Hauptstraße 17, 87547 Missen (Missen-Wilhams), Tel. 08320/9200, www.schaeffler-braeu.de | **Bierprofil** Helles, Export, Naturtrübes, Pils, Halbdunkles, helles und dunkles Weizen, Triple, IPA; saisonal: Winterbier, heller und dunkler Bock, Grünhopfenbier | **Öffnungszeiten** Braugasthaus mit Biergarten, Hauptstraße 15, 87547 Missen, Tel. 08320/92015, www.brauereigasthof-schaeffler.de, Mo, Di ab 10 Uhr, Mi, Do ab 15 Uhr, Fr–So ab 10 Uhr, Sudabend-Termine auf der Website | **Tipp** Trotz Eintrag der Schäffler Bräu ins Guinnessbuch – leider, leider: Die wirkliche allerkleinste funktionsfähige Sudanlage der Welt befindet sich im Büttnermuseum im fränkischen Weißenbrunn. Sie wird einmal im Jahr, zur Kirchweih, in Betrieb genommen und schafft gerade einmal einen halben Liter.

100_Neuschwanstein-Serie

Reiseszenerie mit Biergarten

Es kann gar nicht anders sein, als dass das raumgreifend an der Hauptdurchgangsstraße Nesselwangs platzierte Hotel Post dereinst eine ganze Litanei an reisendem Adel beherbergt hat. Auch wenn sich die Familie Meyer, die es inklusive der hauseigenen Brauerei in fünfter Generation betreibt, diskret darüber ausschweigt. Wer, mit der Kutsche aus Schwaben kommend, die Alpen via Fernpass queren wollte, machte dort automatisch Station.

Reisenden von heute, die in ihrem Sommerurlaub die Strapaze auf sich nehmen, über Stunden in einer 180 Kilometer schnellen, umgestülpten Blechwanne eingepfercht zu sein, sei für dieses Ziel ans Herz gelegt: Zeit mitbringen! Je unerbittlicher die Sonne darauf hinweist, dass der August nicht zum Herumstreunen gedacht ist, desto besser sitzt es sich im Innenhof-Biergarten. Wichtig: Nicht davon irritieren lassen, dass auch die Kellnerin die Bierkarte nicht wirklich versteht. Die Marke Post-Brauerei gehört den Meyers nicht mehr. Ihre Labels heißen Nesselwanger, Neuschwanstein, Linderhof und Herrenchiemsee. Zuzüglich der Marken Braukatz und Craft. Ihre siebte Marke Brau-Manufactur Allgäu steht zugleich für weitere Biere und das große Ganze.

Nächster Tipp: die Tellersülze nachfragen, eine vom Aussterben bedrohte, quietschsaure, auch als Vorspeise perfekte Sommerbauernbrotzeit. Dazu der Neuschwanstein Sommer-Traum, ein spritziges, filigran ausbalanciertes Helles. Weiter mit dem fruchtigen, auch im Abgang nicht im Mindesten bitteren Neuschwanstein Export, um schließlich bei einem Traum von einem bernsteinhellen Bock zu enden. Beim Neuschwanstein mit dem Craft-Label plustert sich das Malz dick auf, wird aber sofort von üppigen Beerenobst-, Wiesenheu- und Zitrusaromen ausgekontert. Dazu eine knackige Bittere … und ausgezählt. Unwiderstehlich! Leute, garantiert! Sogar bei 30 Grad Celsius! Auch ihr werdet den 6,9 Prozent starken Kraftakt wieder und wieder nachordern!

Adresse Post-Brauerei Familie Karl Meyer / Brau-Manufactur Allgäu, Hauptstraße 25, 87484 Nesselwang, Tel. 08361/30960, www.hotel-post-nesselwang.de, www.brau-manufactur-allgaeu.de | Bierprofil zur Neuschwanstein-Serie gehört saisonal ein Winterbier; insgesamt stehen 18 Sorten zur Auswahl – von diversen Hellen bis zum Pale Ale | Öffnungszeiten Braugasthaus mit Bier-Shop täglich ab 7 Uhr | Tipp Auch im Dorf zu Füßen von Schloss Neuschwanstein wird gebraut. Im kleinen Stil. Direkt vor den Augen der Gäste. Im schicken Schlossbrauhaus Schwangau.

101__High Five Hop

Mit der Kraft von fünf Hopfen

Unbeirrbar, wie der Münchner nun einmal ist, reklamiert er die Erfindung der süddeutschen Sommerinstitution schlechthin für sich: des Biergartens. Oh, diese Schelme, die ganz offensichtlich nie aus ihrer Stadt hinausgekommen sind! Erlaubt wurde er ihnen 1812. Da hatten in Neu-Ulm bereits Generationen die warme Jahreszeit im Schatten hoher Bäume verhockt. Seit das im Stadtteil Offenhausen gelegene Schlösschen eines Ulmer Patriziers 1690 in eine Brauerei mit Gasthaus umgewandelt worden war, strömten die Durstigen in Scharen herbei, um ihr tägliches Quantum Bier gleich hinterm Haus hinabzuschlucken.

In ebendiesem Kastanienhain kann man heute einem seltsamen Ritual beiwohnen. Wenn ein Gast zu seinem Platz schlendert, kommt es vor, dass sich ein ganzer Tisch nach ihm umdreht. Wegen seines Geruchs. Genauer gesagt wegen des üppigen Dufts des Bieres, das er sich hat ins Glas füllen lassen. 2013 ergänzte das Schlössle sein Standardsortiment um invasive, schon wegen ihrer Herkunftsregion, den für dünne Plörren wie das Bud bekannten USA, misstrauisch beäugte und deshalb zu dieser Zeit außerhalb der Berliner Hipster-Szene als neumodischer Schmarrn abgekanzelte Aromenbomben. High Five Hop heißt das Highlight der Tabubrecher, die nicht alle dem Reinheitsgebot gehorchen.

Das raumgreifende Bouquet des – laut Etikett – Pale Ales ist der Veredelung durch Hopfenstopfen geschuldet, bei dem eine verschwenderische Menge Dolden in den Reifetank kommt, um die ätherischen Öle zu mazerieren. In diesem Fall fünf Sorten. Nimmt man einen Schluck, füllt sich der Mundraum mit überbordenden Obst-, Kräuter- und Wiesenaromen, die von Honig, Harz und Tannennadeln abgelöst werden. Der Abgang: krass bitter! 6,4 Prozent. Ganz klar ein Vertreter der britischen India Pale Ales. Ein Prachtexemplar, das einige seiner berühmten Vetter aus den Craft-Beer-Hotspots Hamburg und Berlin locker in den Schatten stellt.

Adresse Brauerei Schlössle, Schlössleweg 3, 89231 Neu-Ulm, Tel. 0731/77390, www.schloessle-bier.de | Bierprofil traditionelles Standardsortiment; Craft-Serie aus Pale Ale, India Pale Ale, mit altem Brot gebrautes Ale, dunkles Triple, Imperial Stout | Öffnungszeiten Gasthaus mit Biergarten täglich außer Di ab 11 Uhr | Tipp Im nahen Städtchen Leipheim widersetzt sich die uralte, winzige Gasthausbrauerei Hirschbräu seit Jahrzehnten dem Rat der Ökonomen, mit der Zeit zu gehen.

102 Der Gipfelstürmer Dunkles Weizen

So schmeckt uns die Strapaze

Die Warnung der im südlichsten Zipfel des Allgäus, dem für Autos gesperrten Rappenalptal, versteckten Enzianhütte, dass sich doch bitte nur der durchtrainierte und schwindelfreie Teil der Bevölkerung zu ihr aufmachen soll, ist durchaus ernst gemeint. Der Aufstieg hat es in sich. Drei bis vier Stunden muss man kalkulieren, der Weg schraubt sich erst über Almwiesen, dann über deutlich schwierigeres Terrain knapp 900 Höhenmeter hinauf. Lohn der Strapaze sind ein atemberaubender Ausblick, Küchenschmankerl vom Feinsten und mindestens eine Halbe, die vor Ort gereift ist – in Deutschlands höchstgelegener Brauerei.

2012 wusste ein Freund des Hüttenwirts nichts Rechtes mehr mit seiner Hobby-Brauanlage anzufangen. Daniel Schwegler, dessen Großvater die Enzianhütte 1937 erbaut hatte, musste jeden Tropfen Bier mit dem Hubschrauber einfliegen lassen. Würde er sich künftig nur das Malz bringen lassen, könnte er der Umwelt etliche Transporte ersparen. Wasser gibt's in den Bergen ja im Überfluss. Das Mini-Sudwerk schwebte ein, und Schwegler brachte sich durch Trial and Error bei, ihm ein immer ausgefeilteres dunkles Weißbier abzuringen. So gut wie jeden Abend war der Vorrat leer getrunken. Weshalb er sich 2018 zunächst von 40 auf 250 Liter vergrößerte und für die Saison 2021 beschloss, das Sudvolumen noch einmal zu verdoppeln.

Dass Schwegler mit einem dunklen Weißbier begann, ist übrigens kein Zufall. Jeder, der damit liebäugelt, selbst zu brauen, sollte mit einer obergärigen Sorte beginnen. Wegen der einfacheren Gärführung. Dunkles Malz harmonisiert mit dem harten Wasser Bayerns am besten. Seit 2018 kann man sich auch ein helles Weißbier oder ein unfiltriertes Lager munden lassen. Ausgeschenkt und als Wegzehrung von Hand in Flaschen abgefüllt werden die Gipfelstürmer selbstredend nur fern der Zivilisation auf 1.804 Meter Höhe.

Adresse Der kürzeste Wanderweg zur Enzianhütte beginnt am Parkplatz der Talstation der Fellhorn-Seilbahn und führt über Einödsbach und die Petersalpe, wer will, kann auf der Hütte auch übernachten; Hütten-Tel. 0170/7931655, www.enzianhuette-oberstdorf.de | Bierprofil dunkles und helles Weizen, naturtrübes Helles, Sude nach Lust und Laune | Öffnungszeiten durchgehend; Saison: Ende Mai – Anfang Okt. | Tipp Wer den Besuch der Enzianhütte zu einem Bier-Kurzurlaub ausweiten will, bezieht nach dem Abstieg im nahen Sonderdorf beim Bergbauernwirt Quartier. Zusätzlich zum selbst gebrauten Gerstensaft gibt es dort eine fulminante Auswahl feinster Bierspezialitäten.

103_ Grüntengurglar Kellerbier

Mit der Breite eines i-Tüpfelchens

Bereits die Begriffe, mit denen Petra und Bernhard »Berni« Gröhl ihr 2014 gestartetes Genussprojekt beschreiben, lassen keinen Zweifel, dass die jüngste der drei Brauereien des Allgäuer Ausflugsdorfs Rettenberg »ebbas Besonders« ist. Das Equipment addiert sich zu einer »Manufaktur«, das Sudhaus ist eine »Werkstatt«. Die am Fuß des Grüntens in die ehemalige Talstation eines Skilifts eingepasste Bernardi Bräu richtet sich an Biergourmets, die den Mehraufwand von nur im kleinen Stil gereiften Sorten zu schätzen wissen. Das Brauereigasthaus, die unter Verwendung uralter Balken und Bretter abgetragener Bauernhäuser aus Holz zusammengepuzzelte Bieralp, hatte in der Szene schon vor seiner Eröffnung den Status einer Legende.

Auch weil im direkten Vergleich mit dem Grünten-Gold der Rettenberger Engelbräu (Nummer 104) der Unterschied zwischen traditionell und ursprünglich greifbar wird, wollen wir uns an dieser Stelle Bernhard Gröhls Grüntengurglar Kellerbier schmecken lassen. Beide verstecken ihren Malzkörper genant und werden von einer intensiven Hopfen-Aromatik geprägt. Das Instant-Bitterungsmittel Hopfenextrakt ist für Gröhl allerdings tabu. Der in Weihenstephan ausgebildete Braumeister greift lieber zu Magnum, einer 1993 gezüchteten Sorte. Damit die ätherischen Öle seiner beiden anderen, für die Aromatik zuständigen Hopfen vollständig ausgewaschen werden, kommen sie erst zu einem Zeitpunkt in die Würze, der einem Traditionsbrauer viel zu spät wäre. Obwohl die Bezeichnung Kellerbier keinen Zweifel lässt, dass Gröhl sein Blondinchen nicht filtriert, leuchtet es klar aus dem Glas heraus. Der Trick: Verlängert man die Reifezeit auf über vier Wochen, bauen sich die Trübstoffe von allein ab. Mag der Unterschied zwischen einem hochklassigen und einem genialen Bier im Mund auch nur einen Millimeter ausmachen: Probiert's und spürt ihn! Die Breite eines i-Tüpfelchens.

Adresse Bernardi Bräu, Kammeregger Weg 7, 87549 Rettenberg, Tel. 08327/9326180, www.bernardibraeu.de, www.bieralp.de | Bierprofil Helles, Märzen, Kellerbier, Dunkles, Weizen, Triple, Bock, Weizenbock | Öffnungszeiten Direktverkauf Mi 10–12 Uhr und ab 14.30 Uhr, Do–Fr ab 14.30 Uhr, Sa 10–12 Uhr; Braugasthaus Mi, Do, Fr ab 14.30 Uhr, Sa ab 10 Uhr, So 11.30–20.30 Uhr | Tipp Der beliebteste Ausgangspunkt für eine Besteigung des Grüntens und der beste Platz, um Rettenbergs flüssige Schätze zu vergleichen, ist die Alpe Kammeregg – sie hat Biere aller drei Brauereien auf der Karte.

104_Grünten-Gold

Wenn die Preußn auf die Almen auffi ziehn

Es ist ein perfektes Fotomotiv, das sich dem Sommerfrischler an der viel befahrenen Hauptstraße des Allgäuer Bierdorfs Rettenberg bietet. Schräg gegenüber einem urigen Braugasthof, der seit knapp 300 Jahren einlädt, sich einen ordentlichen Rausch zuzulegen. Das Jungvieh, das dort von einer Wiese aus das stete Ein- und Ausparken der Autos beäugt, hat sich zum Wiederkäuen ineinandergekuschelt. Den Flegeljahren noch nicht entronnen, ist ihnen nicht bewusst, dass das Allgäuer Idyll erst durch sie perfekt ist.

Das Gasthaus ist die Keimzelle jener der drei Rettenberger Brauereien, die sich ganz auf das Klassische konzentriert. Auf das in Stein gemeißelte. Auf die unverfälschte bayerische Braukultur, die sich in der zweiten Hälfte des 19. Jahrhunderts im fernen München entwickelte und aus Sicht der Traditionalisten damals auch zu Ende gedacht wurde: Nicht mehr weiter optimierbar. Die Schauseite ziert das Gemälde eines fast splitternackten Knaben, der, ebenfalls den Flegeljahren noch nicht entronnen, sichtlich angetrunken auf einem Bierfass reitet.

Golden glänzend. Süffig. Typisch. Vom würzigen Grünten-Gold, dem preisgekrönten Export der 1668 gegründeten Engelbräu, würde auch das Jungvieh drüben auf der anderen Straßenseite gern eine Halbe abbekommen. Dank einer großzügigen Gabe klassischer, schon immer da gewesener Aromahopfen verströmt es den Duft einer Almwiese. Da es filtriert wurde, ist das Geschmacksprofil ganz auf die Noten von Blumen und frisch gemähtem Gras zugespitzt. Die eng mit dem Pils verwandte Sorte Export wird generell mit einer guten Handvoll mehr Dolden eingebraut. Denn sie musste – der Name sagt es – lange Transportwege überstehen; und Hopfen erhöht die Haltbarkeit. Oben in Berlin, Hamburg und im Ruhrgebiet war es dann ihre Aufgabe, nebenbei auch für das Urlaubsparadies der Alpen zu werben. Ja, genau: Wo sie immer alle Lederhosen tragen, auf die Almen auffi müssen und »Pfiat di« trällern.

Adresse Engelbräu Rettenberg, Burgberger Straße 17, 87549 Rettenberg, Tel. 08327/93000, www.engelbraeu.de | **Bierprofil** Helles, Pils, drei Export, Märzen, Naturtrübes, Dunkles, helles, dunkles und leichtes Weizen; saisonal: Winterbier, Doppelbock | **Öffnungszeiten** Brauereigasthof, Burgberger Straße 9, 87549 Rettenberg, Tel. 08327/206, www.brauereigasthof-engel.de, Mi–So ab 11.30 Uhr | **Tipp** Achtung: Verwechslungsgefahr! Im Norden von Bayerisch-Schwaben, in Waldstetten bei Günzburg, gibt es die Engelbrauerei. Tipp dort: das dunkle Keltenbier.

105 Herzsolo

Das Beste aus zwei Welten

Ein streng nach dem Reinheitsgebot gebrautes Weißbier mit einer nicht standesgemäßen Belgierin namens Wit zu verheiraten. Ja, wer macht denn so was? Seit Generationen prägt der Platzhirsch des Bierdorfs Rettenberg, die 1447 gegründete Brauerei Zötler, das Geschmacksempfinden der Menschen, die in den Allgäuer Alpen heranwachsen. Sie ist aber auch für ihre Lust bekannt, Neues auszuprobieren. Legendär: Ihre 1998 gestarteten Vollmond-Partys, bei denen Freizeitschamanen und Co. dem Braumeister singend und trinkend zur Seite stehen, während er die Energie des Erdtrabanten in seinem Sudkessel einfängt.

Weil ihr Sudhaus auf große Kapazitäten ausgelegt ist, holten sich die Zötlers für den jüngsten Wurf bei einem Kollegen aus dem Bierdorf Unterstützung. Bernhard Gröhl (Nummer 103) ist bestens mit dem Sortenkosmos dessen vertraut, was unter die Sammelbezeichnung Craft Beer fällt. Vor allem aber ist seine Bernardi Bräu so klein, dass es nicht wirklich schlimm ist, wenn ein Sud misslingt. Was beim Experimentieren ja durchaus vorkommen soll …

Mit vier radikalen Geschmackswundern leisten die Zötlers seit 2018 ihren Beitrag, auch unter Otto-Normal-Biertrinkern das Bewusstsein zu verbreiten, dass die bayerische Braukultur halt doch nicht die weltweit einzige ist, die den Gaumen vor Verzückung jauchzen lässt. Herausragend: das Update, das sie dem klassischen hellen Weißbier verpasst haben, indem sie im Belgischen auf Brautschau gegangen sind. Auch dort gibt es ein traditionelles Prickelbier, das ungemein erfrischt und auf Weizenmalz basiert. Bei einem Wit stehen allerdings auch Orangenschalen auf der Zutatenliste. Die sucht man auf dem Etikett des Herzsolo vergeblich, bei dem eine bayerische Weißbierhefe und die Veredelung im Reifetank mit fünf Aromahopfen für die intensiven Fruchtnoten zuständig sind. Mild statt säuerlich. Ordentlich bitter. Das Beste aus zwei Welten, in einem Trunk vereint.

Adresse Privat-Brauerei Zötler, Grüntenstraße 2, 87549 Rettenberg, Tel. 08327/9210, www.zoetler.de | Bierprofil Helles, Export, Pils, Naturtrübes, Vollmondbier, Dunkles, helles, dunkles und leichtes Weizen; saisonal: Maibock, zwei Festbiere, Doppelbock; Craft-Biere: Weißbier-Wit, Pale Ale, Baltic Porter, roter Bock | Öffnungszeiten Brauerei-Shop Mo–Fr 9.30–12.30 und 14.30–18 Uhr, Sa 9.30–12.30 Uhr; Brauereigasthaus Adler-Post, Burgberger Straße 8, 87549 Rettenberg, Tel. 08327/226, www.brauereigasthof-adler-post.de, täglich ab 11.30 Uhr | Tipp In Sonthofen wartet das stylishe Lokal »'s handwerk« mit einer beeindruckenden Auswahl regionaler und deutscher Craft-Biere auf.

106 Doppel-Hirsch dunkel

Der Wärmespender für die kalte Winternacht

Die Könige liebten es. Aber auch ihre Gegenspieler, die im Mythenschatz des Volkes verehrten Wilderer. Stellen wir uns eine klirrend kalte, klare Winternacht vor. Das Mondlicht reicht gerade so, um ihn am Waldrand abzupassen. Den prächtigen Zwölfender. Anlegen. Ein Knall, der, von einer Felswand gebrochen, kilometerweit die Nacht zerreißt. Jetzt etwas Wärmendes! Natürlich gern ein Bier. Wenn es so ist wie der 7,2 Prozent schwere dunkle Doppelbock jener Brauerei, die das Figurenkabinett der alpenländischen Folklore so detailgenau wie keine andere in eine Halbe zu übersetzen weiß.

Weil ein Mehr an Alkohol generell mit wuchtigen Aromen einhergeht, sind Bockbiere die Stars unter den traditionellen Sorten. Um sie auf die gewünschte Drehzahl zu bringen, muss der Braumeister mehr Malz ins Sudhaus schleppen und mehr Zeit in die Reifung investieren. Bockbiere ruhen bis zu einem halben Jahr.

Prachtexemplare wie der Doppel-Hirsch revanchieren sich mit einem Trinkerlebnis, bei dem die letzte Nacht im Leben des Georg Jennerwein anfrägt, ob man sie als Kopfkino vor dem inneren Auge abspielen möchte. Liebliche Rosinen- und Dörrobstnoten berichten von Gämsen, die sich brav vor seinem Lauf postieren. Aber die Schärfe des Alkohols lässt Unheil erahnen. Dicke Malz- und Kaffeearomen lenken auf den Eifer des Förstergehilfen Pföderl über, der den berühmtesten aller Wilderer hinterrücks erschießen wird. Dann immer intensivere Noten röschen Brotes – die karge Kost, mit der die Witwe sich und die Tochter durchbringen muss. Wer jetzt auf den Geschmack gekommen ist, sollte sich auch an der Edition holzfassgereifter Biere versuchen. Der Hirschbräu baut seine Böcke nicht einfach nur in vorbelegten Whisky- oder Tequilafässern aus. Um die entwichene Kohlensäure zu ersetzen, bekommen die Edeltinkturen als Finish etwas Jungbier mit in die Flasche. Die dabei mit eingetragene Hefe genügt, um eine neue Gärung in Gang zu setzen. Eine neue Perlage bildet sich. Aus abgelagert wird frisch.

Adresse Der Hirschbräu Privatbrauerei Höss, Grüntenstraße 7, 87527 Sonthofen, Tel. 08321/66330, www.hirschbraeu.de | Bierprofil diverse helle und dunkle Lagerbier- und Weizen-Varianten, heller und dunkler Doppelbock, im vorbelegten Holzfass ausgebaute Raritäten | Öffnungszeiten Brauerei-Shop Mo–Fr 9–18 Uhr, Sa 9–13 Uhr; Brauereigasthof, Hirschstraße 2, 87527 Sonthofen, Tel. 08321/67280, www.brauereigasthof-hirsch.com, täglich ab 10 Uhr | Tipp Um die Ecke, im Blaichacher Ortsteil Ettensberg, stillt die Ein-Mann-Brauerei Klier Bier den Durst von Liebhabern naturbelassener Bio-Handwerksleckerlis.

107_ Vollbier Halbdunkel

Im kleinen Dorf der großen Wunder

Bayern kennt weit über 100 Wallfahrtskirchen. Jede besitzt ein Bildnis eines Heiligen mit segensreichen Fähigkeiten. Und seine heiligen Wunder. Die geschnitzte Madonna, die ein bauernschlauer Wirt 1635 ins Allgäuer Dörfchen Speiden brachte, heilte, kaum angekommen, eine fußlahme Frau. Das Gros der Pilger, das sich heute dorthin aufmacht, fühlt sich allerdings von einem ganz anderen Versprechen angezogen. Es soll, so heißt es, dort Biere geben, die so charakterstark und eigenwillig gebraut sind, dass man sie bei einer Blindverkostung auch dann klar herausschmeckt, wenn ein Katarrh die Sinnesorgane vernebelt.

1986 kaufte die Familie Kössel das bald nach 1635 zur Versorgung der Wallfahrer gegründete, Anfang der 1960er Jahre stillgelegte Mariahilfer Sudhaus. Seit 2003 gehört ihr auch die alte Dorfwirtschaft. Wie nebenan die Gläubigen dem Pfarrer, kann man dort dem Braumeister zusehen, wie er in einer Nische eine Wandlung vollzieht: Es werde Bier. Aus Wasser, Malz und Hopfen. Anton Kössel, der die Kultbrauerei seit 1991 verantwortet, ist dafür berühmt, das urige, volksbarocke Ambiente seiner guten Stube auch mal mit einem Stout zu konterkarieren, einem schweren, fast sämigen, für Irland typischen Winterwärmer. Wegen solcher Ausreißer aus der auf Dauer halt doch arg eintönigen Allgäuer Brautradition fährt man ja zu ihm.

Auch! Denn am Ende landen alle dann doch bei Anton Kössels größtem Husarenstück, seiner Verneigung vor dem Typischen. Als hätte er nichts davon mitbekommen, dass das deutlich süße Alltagsbier des Alpenvorlands schwer aus der Mode gekommen ist, verpasst er seinem Vollbier eine erhebliche Portion Karamellmalz. Es ist egal, ob man ihn deshalb als Sturschädel feiert oder seinen Mut bewundert oder ob man es dem altertümlichen Design seiner Flaschen oder seiner besonderen Sorgfalt zuschreibt: Sein natürlich gesüßter, bernsteinfarbener Klassiker mundet aller Welt gar köstlich.

Adresse Kössel-Bräu, Mariahilfer Straße 17, 87637 Eisenberg-Speiden, Tel. 08364/8556, www.koessel-braeu.de | Bierprofil Vollbier, Helles, Stout, helles, dunkles und leichtes Weizen, Eisbock; saisonal: Pils, Dunkles, Festbiere, heller Bock, Doppelbock, Weizenbock, Sondersude | Öffnungszeiten Direktverkauf Mi–Fr 14–20 Uhr, Sa, So 12–20 Uhr, Braugasthaus Mi–Sa 14–22 Uhr, So 12–20 Uhr | Tipp Im nahen Tourismusort Pfronten interpretiert der Braugasthof Falkenstein die traditionelle Allgäuer Bierkultur ebenfalls bewundernswert eigenwillig und gekonnt.

108_Unterbaarer Export Dunkel

Das flüssige Brot aller Brote

Auf den Dörfern fluchen sie wie die Rohrspatzen. Über die Altvorderen. Dabei war doch der heute wieder so gefragte Holzofengeschmack einer der Gründe, weshalb sie dem nun mühsam neu errichteten Gemeinschaftsbackhaus mit schwerem Gerät zu Leibe gerückt waren. Als es das Wirtschaftswunder in den 1960er Jahren endlich zuließ, sein täglich Brot in einer Bäckerei einzukaufen. Wo etwas viel Feineres im Regal lag als das einmal im Monat auf Vorrat geschobene, schwere dunkle Bauernbrot. Ein fluffiges, mit einer glatten, zart süßen, mild röschen Kruste bedecktes Mischbrot, dessen himmlischer Duft die ganze Küche parfümierte. Die Älteren erinnern sich …

Wer nie die Rinde eines dieser Teiglinge genießen durfte, die nur noch in vielleicht einer Handvoll Kleinstbackstuben sorgfältig geknetet werden, der findet in den Weiten zwischen Donauwörth und Aichach Trost – beziehungsweise eine kongeniale Flüssigalternative. Das Dunkle der vermutlich im 16. Jahrhundert zur Versorgung eines Adelssitzes gegründeten, seither durch viele Hände gegangenen Schlossbrauerei Unterbaar zaubert ein exaktes geschmackliches Abbild genau dieser kleinbürgerlichen Alltagsspezialität auf den Gaumen. Kurz. Dann übernehmen kräftig herbe Schokoladennoten und markieren den Herrn im Haus.

Dunkle Biere sind mit dem Aroma von Brot und Brotrinde gesegnet. Sie stammt von Malzen, bei denen die Keimung der Gerste abrupt durch heißes Rösten gestoppt wird. Wie ein Steak auf dem Grill lässt man sie – kurz, gezielt und auf den Punkt – anbrennen, damit man es in den Mund nehmen darf. Das Wort, das einen in der Kochshow eine Runde weiterbringt: Röstaromen. Wie gekonnt man im Dörfchen Unterbaar dabei das einstige bayerisch-schwäbische Brot aller Brote ins Visier nimmt: einzigartig! Zu Recht wurde man beim Wettbewerb European Beer Stars viermal mit Gold behängt.

Adresse Schlossbrauerei Unterbaar, Hauptstraße 18, 86674 Baar-Unterbaar, Tel. 08276/58980, www.schlossbrauerei-unterbaar.de | Bierprofil Helles, Export, Pils, Festbier, Märzen, Dunkles, Leichtbier, helles, dunkles und leichtes Weizen; saisonal: Weihnachtsbier, Weizenbock, heller Bock | Tipp Wer das duftende Mischbrot zum Anlass einer Genusstour nehmen will: Bäckerei Guggenmos in Adelsried (15 Kilometer westlich von Augsburg). Gegenüber: die winzige Stadel-Bräu. Dann im Nachbarort Bonstetten ins Bräustüble der Brauerei Schaller, die leider nur noch als Marke existiert.

109_Ustator

Zu gut für jeden Tag

Wenn sich im November ein Tuch aus Nebel über das Hinterland von Augsburg legt, sind sie in den Getränkemärkten oft zu hören. Die Worte: »Ist leider schon aus.« Sie gelten einem Bier mit kryptischem Namen: Ustator. Die Silbe »ator« kennzeichnet den Meistertrunk als Doppelbock. Das kleine Dorf Ustersbach ist für die nach ihm benannte Brauerei berühmt.

Im Bayern jenseits des Flusses Lech haben sich in mehreren tausend Jahren ein eigener Dialekt, eine eigene Tradition und Bierkultur ausgeformt. Münchens Großbrauereien haben keine Skrupel, die »Schwoba« um ein Stück ihrer Identität zu berauben, indem sie auch diese Region mit ihren Hellen überschwemmen. Es gilt, die Zapfhähne vor der feindlichen Übernahme zu bewahren. Das gelingt, so Stephanie Schmid, am besten mit Kreationen, die »einladen, gleich noch eines zu trinken«. Mit Bieren für die breite Masse. Schmid, die die von ihrer Familie wohl 1605 übernommene, damals bereits 200 Jahre alte Sudstätte in 13. Generation auf Kurs hält, weiß ganz genau, weshalb sie auf Rezepturen ohne Ecken und Kanten setzt. Ustersbacher Bier soll wirklich jedem schmecken!

Aber einmal im Jahr will sie beweisen, dass ein Ustersbacher aber auch jene zu betören vermag, von deren Durst ihre Brauerei nicht leben kann. Noch weicher als Samt legt sich ihr Jagdobjekt für Gourmets, der dunkle, sämige Ustator, auf und um die Zunge. Seine wuchtig überbordende Aromenfülle: Sanft soll sie auf die Geschmacksknospen auftreffen. Brotkruste, Trockenfrüchte und viel, viel überreifes Obst, das mit einer massiven Süße gesegnet ist. Mango, Papaya, Bananen, Zitronen. So intensiv wie auf einem jamaikanischen Straßenmarkt. Ein genialer Trunk. Vielschichtig. Barock. Komplex. Und dennoch wird, wer das Glück hat, einen ganzen Kasten zu ergattern, Stephanie Schmid am Ende zustimmen: Ein Weizendoppelbock mit 8,9 Prozent ist wahrlich kein Bier für jeden Tag.

Adresse Ustersbacher Brauerei, Hauptstraße 40, 86514 Ustersbach, Tel. 08236/5890, www.ustersbacher.com | Bierprofil helles, dunkles, leichtes Weizen, Pils, Export, Dunkles, Helles, Zwickel, Jubiläumsbier 400; saisonal: Festbier, Weizenbock Ustator | Öffnungszeiten Bräustüble täglich außer Mo ab 10 Uhr, www.ustersbacher-braeustueble.com, Direktverkauf Mo–Do 9–12 und 13–16 Uhr, Fr 9–13 Uhr | Tipp Weitere gut zehn Kilometer tief in den Stauden, dem westlichen Hinterland von Augsburg, in Walkertshofen, lässt die Staudenbräu in achter Generation bemerkenswert gute Biere gemächlich reifen.

110 Landsknecht

Davo bkommsch Kino im Kopf

Keine andere Region wurde von der größten aller Tragödien, die die Bayern je durchzustehen hatten, so stark gebeutelt wie die Stadt und das Umland von Nördlingen. Dort aßen sie damals nicht nur Hunde. Im Spätsommer 1634, als die katholisch-kaiserlichen Truppen das Zentrum des Ries drei Wochen lang belagerten. Der Hunger der Eingeschlossenen war so groß, dass es für sie die reinste Freude war, nach einem gescheiterten Sturmangriff Hunderte Gefallene auf den Straßen liegen zu wissen. In der Not, da packst du dir halt wirklich alles auf den Grill!

Mit Sicherheit hat die Familie zu Oettingen-Wallerstein ein deutlich milderes Szenario vor Augen gehabt, als sie ihr unfiltriertes Dunkles nach jenen einfachen Männern benannte, die den Dreißigjährigen Krieg als Soldaten gestalteten. Landsknechte haben damals auch Wallerstein, ein nur einen kurzen Ausritt außerhalb von Nördlingen gelegenes Dörfchen, in Schutt und Asche gelegt. Aber die Region – und damit auch der in Wallerstein wiederaufgebaute Fürstensitz mit seiner Brauerei – lebt halt nun einmal von der Lust der Touristen auf die romantische Seite der traumatischen Geschichte, auf Lagerleben und Lagerfeuer.

»Absolut genial«, will man ausrufen. Denn dem Landsknecht gelingt tatsächlich das Kunststück, dass man sich schon nach dem ersten Schluck in einen Historienfilm hineingezogen fühlt. Urig Malzig. Das wärmt! Dick aufgetragene Noten von Rosinen und Schokolade, die wohl beim Plündern erbeutet wurden. Verquirlt mit dem Aroma armseligen, seit Wochen mitgeschleppten, steinharten Bauernbrots. Dann ein für ein Dunkles ungewohnt knackig bitterer Abgang. Der das Kopfkino anhält und die Frage stellt: nachschenken und sich der Schönheit des Schreckens bis zur völligen Trunkenheit hingeben? Oder, wir schreiben den 4. September 1634, dem Befehl gehorchen und zum erwähnten fatalen Sturmangriff auf Nördlingen ausrücken?

Adresse Fürst Wallerstein Brauhaus, Obere Bergstraße 78, 86757 Wallerstein, Tel. 09081/782220, www.fuerstwallerstein-brauhaus.de | Bierprofil Helles, Export, Zwickel, Pils, naturtrübes Dunkles, helles Weizen; saisonal: Winterbock | Öffnungszeiten Das Bräustüberl öffnet leider nur noch auf Anfrage für Gruppen. | Tipp Seit dem Aus der 400 Jahre alten Ankerbräu 2016 wird in Nördlingen nur noch im kleinen Stil gebraut. In der erst 1998 im nahen Wechingen gegründeten, 2011 nach Nördlingen übersiedelten Brauerei Maierbier.

111_Exquisit

Von Bieren, die Romane zu erzählen wissen

Mit Recht dürfen Bayerns Brauereien stolz auf ihre Sortenvielfalt sein. Zum Vergleich: Das Flaggschiff der norddeutschen Bierkultur, das Bremer Industriesudhaus Becks, hat läppische zwei im Programm: ein Pils und – ja, Sacklzement, da legst di' nieder! – noch ein Pils. Ein mildes. Südlich der Donau sind zehn bis 15 normal. Und dann gibt es noch die Schwarzbräu aus Zusmarshausen, einem verschlafenen Marktfleck im Hinterland von Augsburg. Da ihre aktuell 17 regulären Sorten seit 1954 rund 700-mal prämiert wurden, stellt sich bei ihr wie bei keiner anderen die Frage, womit man das Durchtrinken eröffnen soll.

Seit klar ist, dass die nächste Generation der namensgebenden Inhaberfamilie in die Fußstapfen ihres Vaters Leopold Schwarz treten wird, beteiligen sich auch die nie von ihrem Stammplatz im Ortskern gewichenen Zusmarshauser am längst überfälligen Trend, dem Altehrwürdigen durch Einbürgerung internationaler Leckereien einen neuen Twist zu geben. Aber so spritzig das Ex-und-Hopp auch munden mag, ein Aromenwunder belgisch-britischer Herkunft, kommt man doch immer wie von selbst auf die Klassiker zurück. Im Fall der Schwarzbräu sind sie nämlich derart ausgefeilt, dass sie ganze Romane zu erzählen wissen.

Das schlanke, golden glänzende Exquisit zum Beispiel. Sein Plot spielt in der Wirtschaftswunderzeit. In dieser letzten Stunde, bevor seine Welt dem Untergang geweiht wurde, wollte auch der schwäbische Bauer endlich zeigen dürfen, dass auch er sich den Luxus eines stärker gehopften Exports leisten konnte. Obwohl oder gerade weil diese Sorte ihrem Namen nach doch eigentlich dazu bestimmt war, in fernen Städten an Menschen mit feineren Ansprüchen verkauft zu werden. All das verrät das Exquisit aber nur, wenn man über Land ins Braugasthaus gefahren ist und sich unterwegs ein Bild vom Unglück der Bauerndörfer gemacht hat, die nicht mehr in die Gegenwart hineinpassen.

Adresse Schwarzbräu, Marktplatz 6, 86441 Zusmarshausen, Tel. 08291/880, www.schwarzbraeu.de | **Bierprofil** zwei Helle, zwei Pils, Naturtrübes, Export, Märzen, Leichtbier, Dunkles, Pale Ale, helles, dunkles und leichtes Weizen, heller und dunkler Bock, fassgereifter Bock, Jahrgangs-Starkbier, unregelmäßig zusätzliche Sondersude | **Öffnungszeiten** Bräustüberl, Marktplatz 4, 86441 Zusmarshausen, Tel. 08291/1029, www.schwarzbraeu-braeustueberl.de, Do–Mo 11.30–14 Uhr und ab 17 Uhr, Di, Mi Ruhetag | **Tipp** Als Pionier des Heimdienstes erlebte die Brauerei Rapp aus dem nahen Kutzenhausen in den 1970ern goldene Jahre – ihre Biere sind bis heute nur via Liefer-Abo erhältlich.

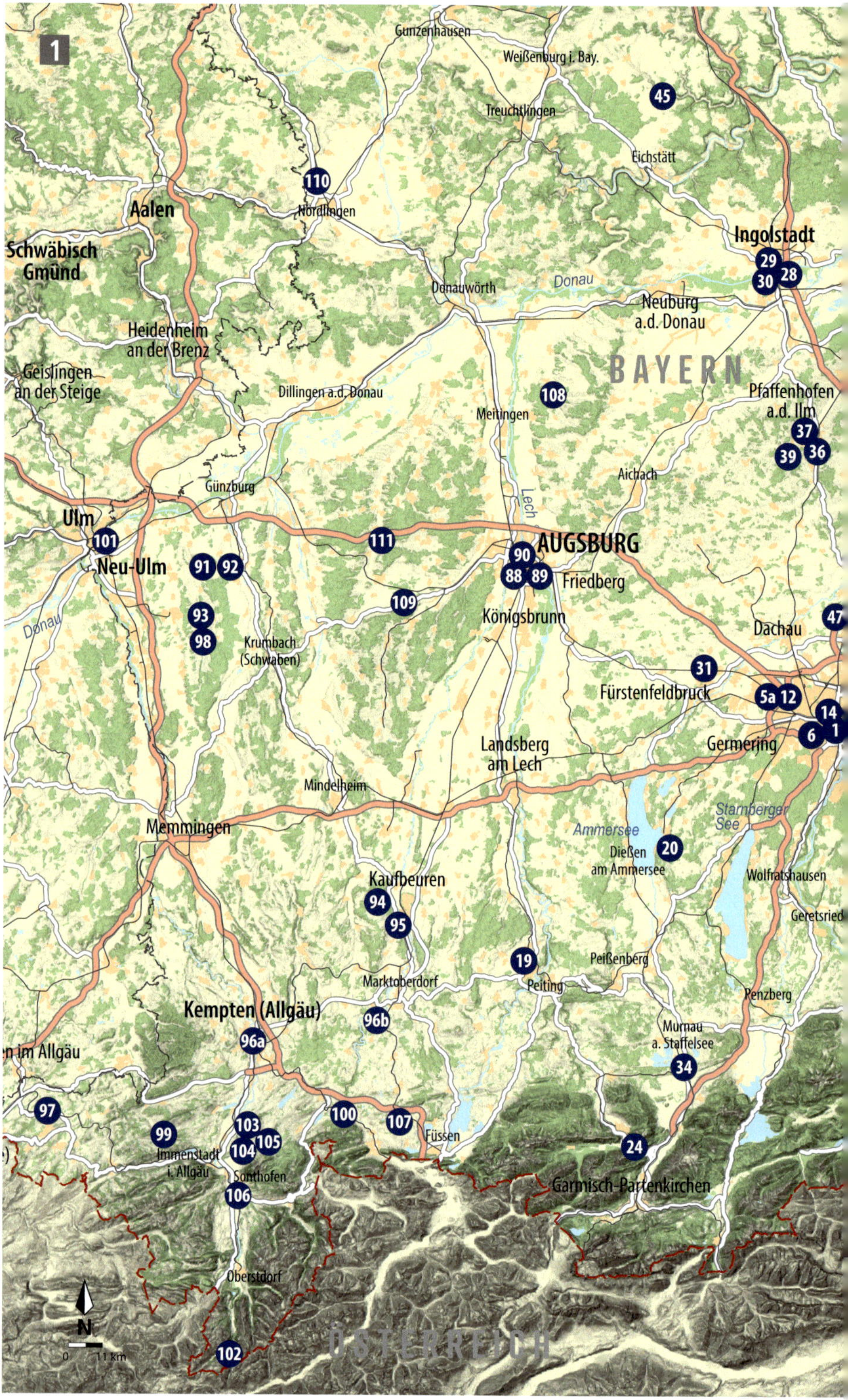
1
Gunzenhausen
Weißenburg i. Bay.
Treuchtlingen
Eichstätt
Nördlingen
Aalen
Schwäbisch Gmünd
Ingolstadt
Donauwörth
Donau
Neuburg a.d. Donau
Heidenheim an der Brenz
BAYERN
Geislingen an der Steige
Dillingen a.d. Donau
Meitingen
Pfaffenhofen a.d. Ilm
Aichach
Günzburg
Lech
Ulm
AUGSBURG
Neu-Ulm
Friedberg
Königsbrunn
Krumbach (Schwaben)
Dachau
Fürstenfeldbruck
Germering
Landsberg am Lech
Mindelheim
Memmingen
Ammersee
Starnberger See
Dießen am Ammersee
Wolfratshausen
Kaufbeuren
Geretsried
Peißenberg
Marktoberdorf
Peiting
Kempten (Allgäu)
Penzberg
Murnau a. Staffelsee
Füssen
Immenstadt i. Allgäu
Sonthofen
Garmisch-Partenkirchen
Oberstdorf
ÖSTERREICH
N
0 11 km

2
4
Regensburg
Donau
Straubing
Deggendorf
Regen
Abensberg
Plattling
Osterhofen
Landau a.d. Isar
Vilshofen an der Donau
Donau
Dingolfing
Mainburg
Isar
Landshut
Vilsbiburg
Eggenfelden
Pocking
Freising
Frding
BAYERN
Mühldorf a. Inn
Altötting
Inn
MÜNCHEN
Wasserburg a. Inn
ÖSTERREICH
Trostberg
Chiemsee
Traunstein
Freilassing
Rosenheim
Miesbach
Bad Tölz
Bad Reichenhall
Berchtesgaden
ÖSTERREICH
87 74 75 84 85 67 52 57a 71 69 68 56 53 51 62 66 64 58 59 70 55 63 60 25 49 23 61 26 27 8a 9 41 43 22 21 42 40 32 33 38 46 48 44 35

3
Hof
Selb
N
0 11 km
Marktredwitz
80
76
82
Weiden i.d. OPf.
TSCHECHIEN
78
77
Amberg
72
BAYERN
Schwandorf
86
81
73
Cham
Roding
83
79
Regenstauf
Regensburg
Donau
74
75
84
85
87
2
Regen
52
57a
71
Straubing
69
68
Deggendorf
Abensberg
51
53
56
Plattling
62
66
64
Osterhofen
Landau a.d. Isar
58
59
Vilshofen an der Donau
54
Donau
70
Passau
55
Dingolfing
Mainburg
Isar
63
65
60
Landshut

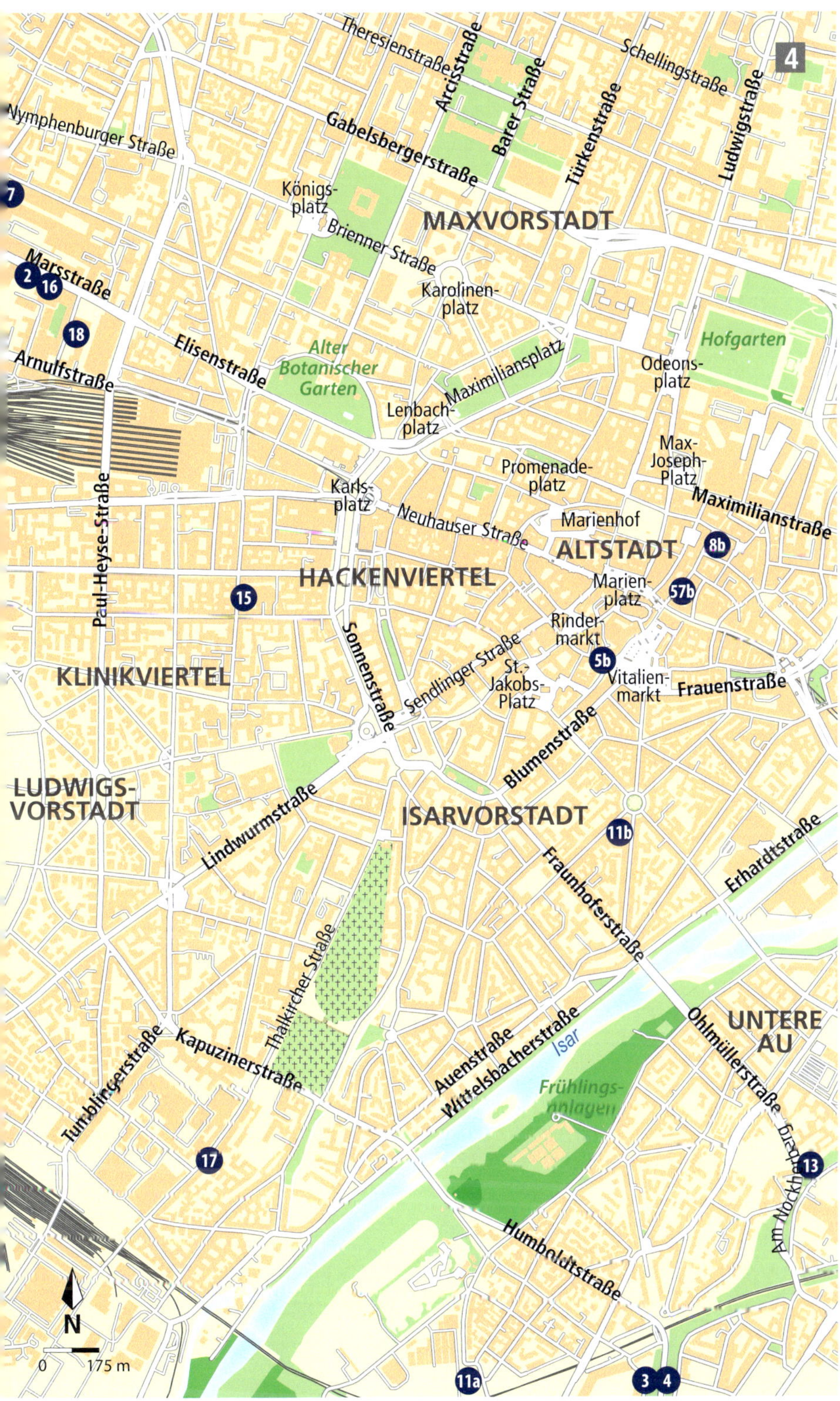
4
Theresienstraße
Arcisstraße
Schellingstraße
Barer Straße
Türkenstraße
Ludwigstraße
Nymphenburger Straße
Gabelsbergerstraße
Königs-
platz
MAXVORSTADT
Brienner Straße
Marsstraße
Karolinen-
platz
Elisenstraße
Alter
Botanischer
Garten
Hofgarten
Odeons-
platz
Arnulfstraße
Maximiliansplatz
Lenbach-
platz
Max-
Joseph-
Platz
Promenade-
platz
Karls-
platz
Maximilianstraße
Neuhauser Straße
Marienhof
ALTSTADT
HACKENVIERTEL
Marien-
platz
Paul-Heyse-Straße
Rinder-
markt
Sonnenstraße
Sendlinger Straße
St.-
Jakobs-
Platz
Vitalien-
markt
Frauenstraße
KLINIKVIERTEL
Blumenstraße
LUDWIGS-
VORSTADT
Lindwurmstraße
ISARVORSTADT
Fraunhoferstraße
Erhardtstraße
Thalkircher Straße
Ohlmüllerstraße
UNTERE
AU
Isar
Kapuzinerstraße
Auenstraße
Wittelsbacherstraße
Frühlings-
anlagen
Am Nockherberg
Humboldtstraße
N
0
175 m
7
2
16
18
15
8b
57b
5b
11b
13
17
11a
3
4

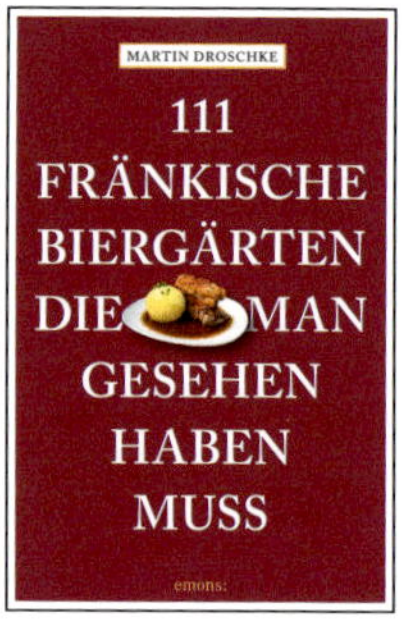

Martin Droschke
111 fränkische Biergärten, die man gesehen haben muss
ISBN 978-3-7408-0851-8

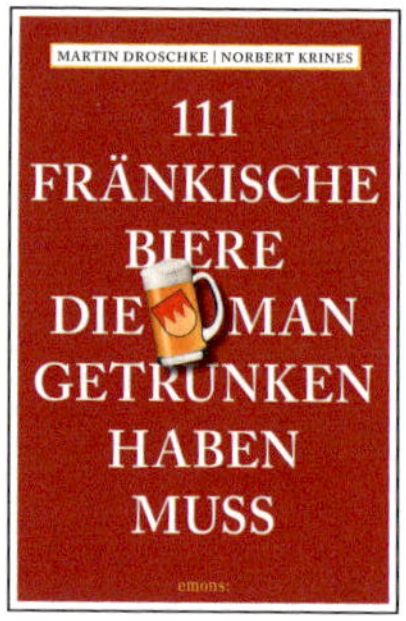

Martin Droschke, Norbert Krines
111 fränkische Biere, die man getrunken haben muss
ISBN 978-3-95451-922-4

Martin Droschke, Norbert Krines
111 deutsche Craft Biere, die man getrunken haben muss
ISBN 978-3-7408-0338-4

Thomas Fuchs
111 deutsche Biere, die man getrunken haben muss
ISBN 978-3-95451-414-4

Jens Dreisbach,
Tobias Fassbinder
111 Gins, die man getrunken haben muss
ISBN 978-3-7408-0571-5

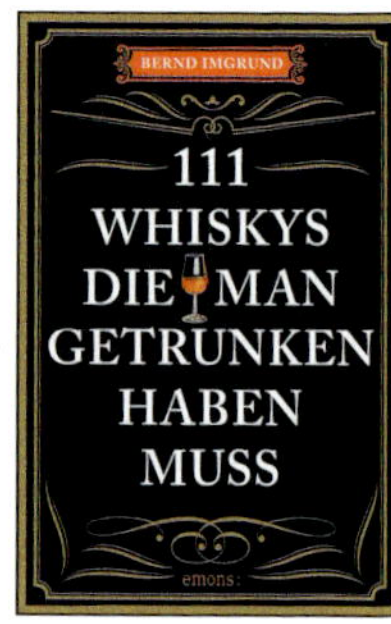

Bernd Imgrund,
Tobias Fassbinder
111 Whiskys, die man getrunken haben muss
ISBN 978-3-7408-0242-4

Carsten Sebastian Henn,
Tobias Fassbinder
111 deutsche Weine, die man getrunken haben muss
ISBN 978-3-7408-0732-0

Daniela Dejnega,
Luzia Schrampf,
Tobias Fassbinder
111 Weine aus Österreich, die man getrunken haben muss
ISBN 978-3-7408-0618-7

Carsten Sebastian Henn,
Tobias Fassbinder
111 Weine aus aller Welt, die man getrunken haben muss
ISBN 978-3-7408-0859-4

Dietmar Bruckner,
Michaela Moritz
111 Orte in der Fränkischen Schweiz, die man gesehen haben muss
ISBN 978-3-7408-1089-4

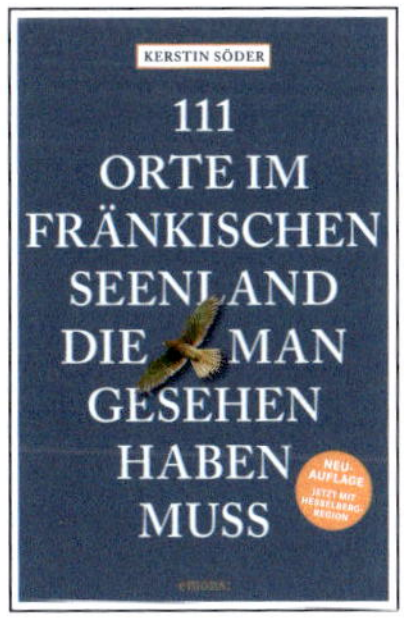

Kerstin Söder
111 Orte im Fränkischen Seenland, die man gesehen haben muss
ISBN 978-3-7408-1072-6

Dietmar Bruckner, Jo Seuß
111 Orte in Nürnberg, die man gesehen haben muss
ISBN 978-3-7408-1019-1

Sabine Becht, Sven Talaron
111 in und um Bamberg, die man gesehen haben muss
ISBN 978-3-7408-1186-0

Jochen Reiss
111 Orte im Fünfseenland, die man gesehen haben muss
ISBN 978-3-7408-1174-7

Astrid Süßmuth
111 Almen und Hütten in Oberbayern, die man gesehen haben muss
ISBN 978-3-7408-0823-5

Sonja Silberhorn
111 Lost Places in der Oberpfalz, die man gesehen haben muss
ISBN 978-3-7408-0838-9

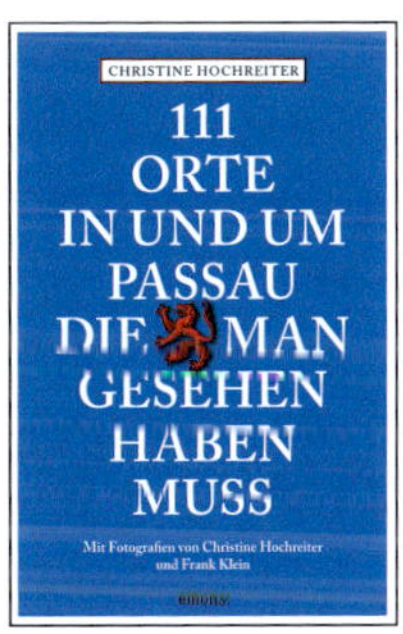

Christine Hochreiter, Frank Klein
111 Orte in und um Passau, die man gesehen haben muss
ISBN 978-3-7408-0733-7

Cornelia Ziegler
111 Orte rund um München, die man gesehen haben muss
ISBN 978-3-7408-0137-4

Bernd Schinner,
René Rabenbauer
111 Orte im Fichtelgebirge, die man gesehen haben muss
ISBN 978-3-7408-0741-2

Eva Krötz
111 Orte im Oberpfälzer Wald, die man gesehen haben muss
ISBN 978-3-7408-0331-5

Astrid Süßmuth
111 Spukorte in und um München, die man gesehen haben muss
ISBN 978-3-7408-0336-0

Oliver Ultsch, Pia Ultsch
111 Orte in und um Coburg, die man gesehen haben muss
ISBN 978-3-95451-923-1

Julia Lorenzer, Fabian Marcher
111 Orte in Rosenheim und im Inntal, die man gesehen haben muss
ISBN 978-3-95451-735-0

Gregor Nagler
111 Orte in Augsburg, die man gesehen haben muss
ISBN 978-3-95451-598-1

Reiner Vogel, Maximilian Raab
111 Orte in Niederbayern, die man gesehen haben muss
ISBN 978-3-7408-0874-7

Bernd Flessner
111 Orte in der Oberpfalz, die man gesehen haben muss
ISBN 978-3-7408-0873-0

Richard Auer, Gerhard von Kapff
111 Orte im Altmühltal und in Ingolstadt, die man gesehen haben muss
ISBN 978-3-7408-0723-8

Jo Seuß
111 Orte in Fürth und Erlangen, die man gesehen haben muss
ISBN 978-3-7408-0724-5

Werner Schwanfelder
111 Orte in Mittelfranken, die man gesehen haben muss
ISBN 978-3-7408-1171-6

Reiner Vogel, Maximilian Raab
111 Orte in Regensburg, die man gesehen haben muss
ISBN 978-3-95451-054-2

Rüdiger Liedtke
111 Orte in München, die man gesehen haben muss
ISBN 978-3-89705-892-7

Rüdiger Liedtke
111 Orte in München, die man gesehen haben muss, Band 2
ISBN 978-3-7408-0722-1

Rüdiger Liedtke
111 Orte in München, die Geschichte erzählen
ISBN 978-3-7408-0876-1

Lust auf mehr? Laden Sie sich die »LChoice«-App runter, scannen Sie den QR-Code und bestellen Sie weitere Bücher direkt in Ihrer Buchhandlung.

LChoice

Hier bestellen

Martin Droschke, geboren 1972 in Augsburg, arbeitet als freier Autor. Er trank sich systematisch zunächst durch die Bierkulturen Böhmens und Frankens, um sich für sein achtes Buch endlich der Region seiner Jugend zuzuwenden, dem Süden Bayerns.